Nous découvrimes, en réalité, les servitudes du sous-dévelop[...]      *intentions*
et frustre les efforts les plus ardus. Sans exagérer, je peux   *[...]us avons*
consacré à « la Tour de Babel » a été utilisé- gaspillé- n[...]   *'émission*
intellectuellement et artistiquement, mais à essayer de résoudre   *[...]tre pris*
en considération.

Mario Vargas Llosa
L'Homme qui parle

1

Remerciements :

Ce livre n'aurait pu voir le jour sans le soutien moral et matériel de mon tendre et cher. Merci à lui et à nos enfants de croire en moi et de me supporter dans tous les sens du terme.

Je remercie egalement mes amies Karina Berto, Catherine Hubert Girod et Soledad pour leurs magnifiques photos témoins de jolis moments partagés, ainsi que tous ceux et celles qui m'ont ouvert des portes et m'ont permis d'apprécier cette nouvelle expérience cubaine.

Merci à tous ceux qui ont cru et croient en moi, me permettent de vivre et de m'amuser de cette vie un peu folle.

Sommaire

Accidents..5

Parcours Universitaire du Combattant..13

Saintes nourritures...17

L'appel de la patate...21

Bienvenue à Jose Marti...24

Conte électroménager...28

Raimundo « the butcher »..32

Pas trop court je vous prie..38

Les francais sont florivores, naissance d'une légende urbaine..............43

Sous les ordures, la plage...45

Le client a toujours tort...49

Les Dangers de la serpillère..53

Jean-Baptiste, une passion cubaine..56

La grosse pomme de la discorde...61

Drôle de douane...64

Excusez pour le dérangement…..67

Karl Marx à la Havane..71

Le diamant maudit..76

Quand les poules auront des œufs…..79

Sainte Barbe..82

Vide sanitaire...86

Mariage à la cubaine...90

Le Bloqueo reste bloqué...94

Le blues de la Yuma...97

La surenchère de la compassion 103

Histoires ancillaires ou La femme de ménage de ma femme de ménage. 106

El Guapo..110

Mantenimiento bricolo ou avanies à la Havane...113

Maux de Georges...117

La soirée des voisins..119

Le portier bijoutier...122

Narrativo..124

Espinning, le sport dans tous ces états...126

Il faut appeler un shah un chat...128

Mon sosie et moi ou la pêche au gros...130

La parabole du phoque ou le sport national..133

Vélo, voiture, rien ne vaut les pieds..136

Au bout du rouleau 140

Mal(e) des transports..144

Trotsky à l'école...150

L'ouragan n'est pas le pire...153

Traumatisme sanitaire..155

Appartement de charme pour charmants habitants 157

Accidents

Quand on parle de l'histoire cubaine, il y a l'avant et l'après Révolution. Pour les uns il s'agit de la **glorieuse** Révolution pour les autres de « l'accident ». Cet euphémisme en appelle beaucoup d'autres. Car Cuba est un pays où l'on subit beaucoup d'incidents plus ou moins graves et d'accidents plus ou moins fâcheux.

Je pourrais ici m'étendre complaisamment sur les pêcheurs de langoustes bizarrement et brutalement disparus, les revendeurs en devises non locales inconnus à l'adresse habituelle ou au numéro de téléphone accoutumé, les *paladares et casas particulares* fermés du jour au lendemain…

Mais la disparition soudaine frappe également les étrangers comme s'ils se dissolvaient dans la moiteur ambiante…Qu'il s'agisse d'affaires de mœurs, impliquant ou non des mineurs, d'affaires de drogue ou de travail, certains sont priés de rentrer chez eux précipitamment sans que les raisons en soient explicitées très clairement.

Pour avoir passé une soirée avinée à poser grimaçant devant des photos des figures adulées de la Révolution, organisé des soirées fines, voire mal parlé à une collègue légèrement membre du *Comité de Défense de la Révolution*, le célèbre et dangereux CDR du quartier, d'aucuns se sont vus priés de s'enfuir nuitamment, abandonnant au passage leurs biens plus ou moins personnels. Traités comme des criminels, ils ont dû quitter à toutes jambes cette terre qui clame haut et fort son attachement à la démocratie.

Traités de la même manière, celui qui a renversé un piéton et celui qui a osé mettre en doute la nature démocratique du gouvernement se sont vu confisquer leur carte de séjour. Comme si le mot dictature, injure suprème et imprononçable équivalait à un assassinat. Celui d'une idéologie sur laquelle vascille de plus en plus le pays. Comme si prononcer le mot que l'on tait revenait à tuer l'idée même de Cuba, en tuer les idéaux, les hommes.

Pourtant ne pas froisser de tôle, ne pas renverser de piéton lorsque l'on conduit frôle l'exploit. Le Malecon, cette grande avenue en bord de mer où les panneaux enjoignent de maintenir la vitesse à quatre-vingts kilomètre à l'heure, est traversé par des suicidaires en quête de frayeurs, jeunes, vieux, accompagnés de poussettes, de cannes, de toute la famille, ils donnent l'impression d'attendre la voiture pour se jeter sous les roues et traverser attirés comme des aimants par le trottoir qui borde la mer. Celui-ci accueille en toutes saisons buveurs plus ou moins intempérants et amants plus ou moins exhibitionistes. Certains d'ailleurs le qualifient de grand bar et baisodrome à ciel ouvert. Le Malecon finalement offre un peu les sensations de la grande roue pour les Cubains mais aussi de la roulette russe…

Les soirées de fin de semaine, aux beaux jours, c'est-à-dire presque toute l'année mais surtout l'été lorsque la ville étouffe et cherche à tout prix un bref courant d'air, le parapet est jonché de cadavres de bouteilles. Rhum et bière se boivent ici au goulot et les cannettes et autres récipients sont ensuite jetés avec desinvolture dans les ondes mujissantes à moins d'être négligemment abandonnés sur la chaussée.

L'hiver, les vagues énormes de la mer déchaînée et mécontente rejettent sur la route des pierres mais aussi des déchets de toutes sortes, parmi lesquls les mêmes vieilles cannettes et bouteilles nettoyées par le flux et le reflux.

Le Malecon s'affiche ainsi comme le lieu de tous les dangers, si l'on n'y meurt pas l'hiver d'un projectile rejeté avec violence par la mer, ou d'une vague monstrueuse, l'on y risque sa vie en tentant de rejoindre le trottoir opposé, expérience non prohibée mais rendue hypothétique par la vitesse des véhicules…

Les athlètes ont des chances de réchapper à la traversée, les suicidaires de mener leur funeste dessein à son terme, quant aux autres, leur destin ne tient qu'aux réflexes des conducteurs mais aussi à leur vue car un véhicule lent, type *Lada* ou voiture américaine ancienne, en bref vieille américaine ou vieille soviétique peut cacher un *coco-taxi* lent, jaune et pétaradent mais aussi un quatre-quatre vrombissant mené à toute allure par un diplomate dont la plaque lui permettra de toutes façons de passer outre les poursuites judiciares.

Quant au malchanceux conducteur, si possible non local, qui, au détour du tunnel, n'aura pas assez rétrogradé pour éviter le septuagénaire tapi dans l'ombre, dans la courbe sans visibilité et brutalement décidé à se rendre de l'autre côté de la voie rapide, il sera contraint d'attendre les secours mais aussi et surtout la police pour se faire emmener au poste. En fonction de la gravité de la blessure de la pauvre victime, de l'étendue de ses relations, mais aussi et surtout de la patience et de la propension à payer du chauffard ainsi pris en flagrant délit de crime sur une personne cubaine, ce dernier sera contraint à un séjour plus ou moins long en prison puis à une assignation à résidence le temps que s'instruise son procès.

Certes l'accident est plus ou moins grave. Mais outre le traumatisme pour la victime et le conducteur pas toujours en état d'ébriété, parfois simplement éberlué d'avoir vu débouler sous ses roues un fou suicidaire il peut s'alourdir des témoignages de spectateurs plus ou moins présents au moment cité, s'aggraver en fonction de l'importance de la personne blessée, de ses connections politiques mais aussi du poids financier représenté par le chauffeur devenu au passage chauffard. Si on peut lui soutirer beaucoup, pourquoi ne pas en profiter….

Commence dans ce cas une longue période d'incertitudes et de réinvention, réinterprétation des versions délivrées à la police. Ce qui fait dire aux ambassades *sotto voce*, car il faut toujours prendre des gants dans les brochures touristiques, qu'il n'est pas forcément conseillé de louer une voiture à Cuba. Il est vrai qu'entre les trous et obstacles sur les routes, qu'il s'agisse de branches, objets divers et variés, animaux, cyclistes en sens contraire, chars à bœufs, chevaux, piétons, les routes ne sont pas les lieux les plus fréquentés pour un automobiliste. Si l'on ajoute l'état pitoyable des véhicules et la difficulté d'en trouver, l'on comprendra sans peine que conduire dans ce pays présente de nombreux risques auxquels seuls les plus inconscients ou les amoureux du danger peuvent s'adonner….

Finalement les taxis, même avec des suspensions épouvantables, les autobus même mal climatisés permettent davantage de controler les dérapages et d'éviter toutes sortes d'accidents malencontreux…

Allo

Le gros problème, je devrais dire l'un des gros problèmes de Cuba reste les télécommunications. Même si la situation s'est bien améliorée, le rattrapage par rapport au reste du monde reste long et douloureux. Evidemment les touristes ont beau jeu de s'extasier sur la tranquilité retrouvée. Ah renouer avec les plaisirs d'antan ne plus être connecté vingt-quatre heures sur vingt-quatre !!!! Pour eux il s'agit pratiquement d'un jeu, sorte de Koh Lanta sauce haricots rouges.

Mais les Cubains eux ne rêvent que de cela vivre comme et avec le reste du monde dont ils ont été privés si longtemps.

Avant, il y a bien longtemps déjà dans un temps dont la vitesse s'accélère toujours plus, je parle du temps d'avant la période spéciale, cette période terrible qui a suivi la chute du bloc communiste et qui a vu l'URSS se transformer en Russie et lâcher brutalement ses anciens alliés en arrêtant de les subventionner, avant donc les années 1990, les Cubains occupaient leurs soirées grâce à la télévision ou la radio locales, *Canal Rebelde, Radio Reloj*. L'extraordinaire radio horloge, rythmait leur quotidien avec des émissions s'apparentant à des messes marxistes. La cérémonie de la télévision servie comme une grande lithurgie permettait au parti d'officier à heure régulière et de contrôler étroitement les esprits à coup de « *mesa redonda* » (tables rondes).

Les «*mesa redonda*» existent toujours, cependant, rares sont ceux qui les regardent encore. Car à la sortie de la période spéciale, l'île a dû s'ouvrir au tourisme pour survivre et sortir de sa grande misère. Et avec les touristes se sont construits les hôtels, et dans les hôtels des touristes bien sûr, d'horribles capitalistes avec lesquels les cubains ne pouvaient pas frayer sous peine d'être contaminés cette idéologie fatale. Du coup, les serveurs, femmes de chambre, réceptionnistes étaient scrupuleusement choisis, formés, déformés, surveillés, briefés, débriefés, rebriefés. Bien que prévenus des dangers du capitalisme, ils n'étaient pas les derniers à se précipiter sur les pourboires et à regarder subrepticement et envieusement les chaines de télévisions étrangères. Quand les femmes de ménage étaient intervenues dans les chambres on ne le remarquait pas à la propreté revenue des lieux mais au fait que la télévision était restée allumée…. Il est vrai que faire peur à la poussière n'a jamais été le fort des cubains.

En trente ans, la masse de touristes n'a fait que s'amplifier et face à la déferlante, il semble que les CDR n'aient plus la force de lutter contre l'épidémie de pensée capitaliste et de dollarisation. Les métiers en contact avec le tourisme sont devenus tellement prisés qu'il n'est pas rare de rencontrer des médecins serveurs, des ingénieurs chauffeurs ou des enseignants guides touristiques. Il ne faut pas s'étonner des curieuses manières des garçons de café. Ils n'ont clairement pas été formés pour ce type de service.

Quoiqu'il en soit, tous ces cubains en quête de finances pour entretenir leur famille ont dû changer de lieu ; au risque de se voir confisquer leurs *librettas* et leurs logements. Ces largesses étatiques sont en effet affectées au lieu de leur naissance. Mais avec la dévalorisation des carnets de rationnement et l'insalubrité des logements, il y a fort à parier que la manne représentée par les touristes représente un attrait suffisant pour expliquer l'exode vers les côtes du nord, celles où les magnifiques plages atlantiques drainent la majeure partie des touristes en goguette. Une grande partie de ceux-ci est constituée de québecois saturés d'hiver et assoiffés de soleil, de plages et de mojitos à gogo. Ils arrivent en charter et ne désaoulent pas de leur semaine sous les palmiers ; triste spectacle d'un monde de nantis décadents dont les cubains ont à cœur de profiter….

Ce spectacle idyllique d'une civilisation capitaliste en perdition au milieu d'autochtones conservés intacts dans leur communisme primitif serait délicieux sans l'invention diabolique des portables et autres connections internet ; Car après les chaines de télévision étrangères qui ont permis aux Cubains de se rendre compte qu'en dehors de l'île enchantée des gens ordinaires avaient accès à des produits et nourritures dont ils n'avaient même pas idée, les Canadiens en vadrouille ont apporté non seulement un délicieux accent qui pratiqué par les cubains a de quoi faire sourire le français de France, mais aussi le spectacle d'une richesse insoupçonnée. Il faut dire que face à l'abime financier qui sépare le Cubain lambda de l'occidental moyen, il n'est pas facile pour l'insulaire privé et frustré de faire le distingo entre le banliusard du fin fond de l'hiver canadien qui a économisé des années durant pour se payer son voyage au paradis et le collectionneur aisé qui accumule les petites vacances pour se sortir de son quotidien brumeux et suroccupé.

Après et avec la ruée des héliotropes est venu le temps des téléphones portables apportés par les cousins américains enfin réacceptés sur la terre de leurs ancêtres et avec les dits cousins et leurs dits téléphones la possibilité de se tenir au courant de tout ce qui se passe en dehors de l'île enchantée du coup plus si enchantée.

Mais le coup fatal est vraiment l'arrivée plus que lente et progressive d'internet sur l'ile. La transmission en temps réel de toutes les richesses de la planète a de quoi, il faut bien en convenir, faire tourner la tête au plus raisonnable des Cubains. Du coup grâce aux devises des touristes, des oncles d'Amérique, des cousins exilés mais généreux, et renvoyant les *remesas*, les petites coupures « empruntées » aux touristes de passage, car il faut bien vivre face à ces nouvelles tentations et de toutes façons ils ne s'en rendront pas compte, la course effrenée à l'argent et aux biens de consommation s'est emparée de l'ile. Je ne dis pas ici que c'était mieux avant quand personne n'avait accès à quoi que ce soit et vivait heureux sans savoir tout ce dont disposait le reste du monde. J'essaye juste de comprendre ce changement incroyable survenu dans la société cubaine ces dernière années et qui explique la désaffection de la culture, la multiplication des vols et agressions, ce même si statistiquement rien n'apparait et que tout est justifié par l'appartenance des fauteurs de trouble à la Santeria. Un bon moyen pour éradiquer les puissances occultes de la religion en pleine croissance.

Alors certes, internet est apparu et surtout déborde complètement du cadre que lui avaient imposé les autorités. A la base, seuls les diplomates y avaient accès derrière leurs quatre murs infranchissables. Mais les cubains sont les rois de la bricole et ont tôt fait de craquer tous les codes possibles imaginables et de se poster devant les ambassades et résidences pour leurs conversations privées. On les voit ainsi assis des heures non pas en attente d'un visa imaginaire mais d'un appel. Car le Cubain n'appelle pas. S'il est muni d'un téléphone il n'a quand même pas les moyens d'avoir du crédit. Le Cubain est toujours appelé. Il a beau avoir un téléphone portable dernière génération, il n'appellera jamais pour dire qu'il est en retard, ce qui au demeurant est une notion parfaitement étrangère à ses neurones et habitudes, il attendra qu'on l'appelle pour s'inquiéter si la *wawa* (*guagua* le bus local) est passée, la grand-mère trépassée, enfin pour s'enquérir de la raison de son retard ou absence.

Après les ambassades, les résidents étrangers ont eux aussi eu accès à internet pour peu qu'ils habitent dans des logements fournis par le gouvernement, c'est-à-dire dûment surveillés et écoutés. Puis il a fallu céder à la pression de la rue et chaque ville s'est équipée de son parc *hotspot*. On a vu la place centrale des capitales provinciales se peupler de toute la jeunesse locale équipée de tablettes et smartphones. Les gens ont laissé tomber les *télénovelas* pour passer les soirées à gratter les petites cartes avec un nombre de chiffres invraissemblable et obtenir une heure de communication leur permettant de bramer en public des nouvelles familiales, ou susurer des mots d'amour. Des grappes de gens se prennent maintenant en selfie sur les placettes rénovées à destination des oncles d'Amérique (les selfies mais peut-être aussi les places à bien y réfléchir) …Pas étonnant avec la gymnastique qu'elles imposent que ces cartes représentent sur leur avers des positions de yoga…

Ces réunions vocales sont toujours contingentées dans des lieux aisément surveillables et écoutables. D'ailleurs, les branchements limités ont permis à l'agence de télécommunication nationale *Etecsa* de jouir d'un monopole indiscuté sur l'ile et d'être à l'origine de frustrations et tensions incroyables pour l'attribution de lignes, ce sans mauvais jeu de mot…

Evidemment le réseau a été rapidement saturé et l'on voit des files d'attente continues devant les bureaux de l'entreprise suroccupée par les demandes d'installation et la réparation de cables dans un état calamiteux. Certains voisins ont attendu une longue année leur branchement internet repoussé pour des raisons diverses et variées mais certainement fallacieuses. Chez *Etecsa* comme partout à Cuba il faut connaitre la bonne personne qui connait la personne dont la cousine est mariée avec le fonctionnaire qui connait l'installateur. Ce réseau humain facilite toujours le réseau virtuel. Ce qui rend la modernisation du pays aléatoire, suspendue à des connections plus humaines que filaires….

Mais aujourd'hui, avec l'arrivée d'investisseurs et investissements étrangers destinés à moderniser le pays, ces belles volontés européennes venues financer le 3G dans toute l'ile, le gouvernement ne peut plus reculer, et se voit contraint de céder à la pression communicative. Pour autant, j'attends de voir comment vont réagir les autorités face à ce défi qui risque de déborder la sacro sainte organisation politique et d'ouvrir les vannes à encore plus d'envie, de capitalisme débridé, d'information en continu, de discussion, de comparaison, de concurrence…*L'homo cubanus* est décidemment en danger de disparition….

Parcours Universitaire du Combattant

Je me suis inscrite à l'Université de la Havane en temps qu'étrangère pour améliorer mon espagnol…et j'ai tenu…une semaine…..... ça a été fantastique……….. D'abord je suis passée le mois d'avant dans les locaux pour m'inscrire et une dame aux ongles immenses et impeccablement manucurés mais la mettant dans l'impossibilité d'appuyer sur un quelconque clavier ou d'ouvrir quelque dossier que ce soit m'a répondu d'un ton peu amène qu'il n'y aurait pas de place. Cela aurait du me mettre la puce à l'oreille. J'ai quand même envoyé un mail, on ne sait jamais, et là un monsieur charmant m'a dit qu'il se battrait pour me contenter, m'a proposé un devis coquet et m'a envoyé confirmation de mon inscription 3 jours après. J'ai eu de la chance car un de mes amis s'est fait jeter pour la troisième fois, son inscription n'a pas été validée. Il demandait peut-être un rabais.

Bon, je suis arrivée le jour de la rentrée. Premier problème technique gravissime pour la mémé incontinente que je suis, les toilettes. Ouvertes ponctuellement, dénuées d'eau courante, de papier, de savon (je devrais le savoir depuis le temps que je vis ici…) et certainement lavées une fois par siècle…

Après cette première déconvenue, j'ai découvert les horaires, signé pour 4h par jour sans savoir que 4h c est en fait 3h puisqu'un cours qui s'appelle 1h dure en fait 45mn. Trop malins ces cubains…en revanche on paye bien à l'heure pleine. Le premier jour on découvre toutes ces subtilités et on passe un test de compétence, alors là chapeau tout le monde passe le même test qui permet d'orienter une cinquantaine de personnes. Je n'ose pas imaginer le bazar que ce serait si on devait faire la même chose en France. Les correcteurs feraient grève en raison d'une surcharge de travail, les surveillants se mélangeraient les pinceaux. La commission sur l'égalité des chances interdirait le rassemblement de personnes de niveaux différents et la stigmatisation, que sais-je. Là, il s'agit d'une bête feuille de questions grammaticales. Il convient de répondre au passé, futur, conditionnel, subjonctif. Evidemment, les débutants remplissent à peine la case nom car ils ne comprennent rien des autres questions…Cela étant ce test est efficace et économe en temps et en correction….

Après le test, vient l'immatriculation où l'on donne tout un tas de précisions très personnelles et dont l'utilité pour apprendre à dire trois mots en espagnol me parait un tantinet superflue. Après l'épreuve, il faut attendre la remise en état de la salle d'examen, c'est à dire que le surveillant ait fini sa pose *merienda* pendant laquelle il mange un gros bocadillo au jambon arrosé de café horriblement sucré, il pince les fesses de la secrétaire voire plus si affinité pour enfin visiter la faculté. Comme, le temps de la *merienda* débordait quelque peu, que j'avais retrouvé des potes et qu'il pleuvait, on n'a pas attendu et on est allé boire un coup….

Le lendemain, il suffit de vérifier sur un tableau dactylographié dans quel groupe on est et hop… les cours commencent. Je suis tombée sur un groupe grandiose deux suédoises à demi crétines, en tous cas contestataires, ce qui ici frise le crétinisme ou l'envie de se suicider, une française excellente en grammaire, deux belges sympas comme toujours, deux anglaises, l'une de toutes évidences en voie de se caser durablement et en besoin impérieux de communiquer autrement que par son corps, un chinois muet, deux Allemands désagréables, une Hongroise adorable (normal c'est une amie), une hollandaise venue draguer et deux américains perdus en terre hostile. Le chinois n'ouvre la bouche que pour nous dire qu'il est venu étudier les différences de socialisme entre Cuba et la Chine. Soit. L'une des suédoises, commence à se disputer avec Madame la Professeure qui n'a de professeur que le nom par lequel elle veut se faire appeler. En revanche vu le discours, elle a du suivre une formation politique sérieuse. Qu'importe, notre suédoise veut lui prouver que Cuba est institutionnellement et constitutionnellement raciste. On regarde tous consciencieusement nos chaussures pendant l'algarade…. Elle doit désirer être expulsée…demain si elle revient, elle nous expliquera peut etre que Cuba est une dictature…

Les thèmes abordés sont terribles : les cubains sont les seuls à être nostalgiques et à aimer leur pays, ils sont courageux et travailleurs. Dès qu'ils sortent de leur pays, ils sont les meilleurs travailleurs du monde. J'ai d'ailleurs assez souvent entendu ces arguments. Dans leur pays, les autochtones ne donnent malheureusement pas le meilleur d'eux-mêmes, mais dès qu'ils en sortent, on ne sait pas pourquoi, peut être mûs par l'impérieuse nécéssité de travailler pour survivre, ils

deviennent d'exceptionnels travailleurs convoités par le reste de l'humanité. Personnellement, je n'ai jamais été époustouflée par le zèle du cubain. Et je ne suis vraiment pas convaincue que les étrangers qui travaillent avec des locaux aient été subjugués par leurs qualités de travailleur. Beaux parleurs et bons danseurs ça oui, mais le travail comme valeur fondamentale, j'en doute davantage, en tous cas dans leur patrie….

Mais surtout la prof s'emballe et devient lyrique, enfin presque, pour nous asséner que ses compatriotes sont romantiques. Alors là mon âme de francaise n'a pas tenu le choc et je me suis quand même exclamée qu'il ne fallait pas prendre tous les étrangers pour des abrutis au simple motif qu'ils parlaient mal. Mon entourage a craint que je ne me retienne pas en deuxième semaine sur des thèmes aussi dangereux que l'art et la politique…On allait certainement apprendre que les cubains avaient inventé l'art baroque et que Haussman est né à la Havane….

On m'a alors sagement et fermement conseillé de déserter le navire du savoir de mon plein gré avant d'en être virée. J'étais déjà passablement exédée par les fautes de grammaire de la prof (j'étais accessoirement venue étudier la grammaire, mon point faible) et surtout par les modalités de paiement qui imposaient une série de queues insensées aux quatre coins de la Havane.
En effet dès le deuxième jour, nous devions nous acquitter du règlement des droits qui consistaient pendant les seules heures de cours, correspondant aux horaires d'ouverture des bureaux, à récupérer le contrat dans un bureau, le faire tamponner ailleurs, puis partir en *guagua* à l'économat ou marcher une

heure sous le soleil, attendre avec tous les autres étudiants pour faire retamponner le formulaire, puis changer de bureau en montant une échelle de meunier pour faire établir une facture, attendre que l'imprimante veuille bien fonctionner, attendre que la pause café soit passée, attendre que les différents employés du bureau soient opérationnels, puis passer à la trésorerie, attendre pour payer et revenir enfin à la faculté pour exhiber le merveilleux sésame. Le tout le même jour sous peine de ne pas être admis en cours le lendemain. Pour corser le tout et sans exagérer, même si l'histoire parait par trop rocambolesque, j'ajoute que l'université ne fournit pas l'adresse précise de l'économat et qu'on ne peut payer que le matin...

Je l'avoue humblement, j'ai craqué. D'autant qu'apprendre l'espagnol avec des anglophones n'est somme toute pas l'idée la plus intelligente pour des francophones. Sauf à vouloir attraper un accent bizarre ou ne rien comprendre à des concepts évidents pour nous, ce n'est finalement pas très malin. Jamais en effet, je ne m'étais posé de questions sur l'emploi du subjonctif dans ma propre langue jusqu'à ce qu'un américain s'interroge et interroge l'enseignante sur la question. La perplexité des chinois face à l'utilisation des articles m'a plongée dans un questionnement existentiel sur des automatismes communs à tous les locuteurs de langues latines et j'ai fini par conclure qu'un cours particulier serait peut-être plus adapté à mon cas.

D'autant que notre formation franco-française nous apprenant l'esprit critique, nous ne sommes pas très adaptés ni compétents pour ce genre de cours et de pays dans lesquels le corps professoral a raison d'avoir raison pour la raison unique et suffisante qui lui donne raison.
Enfin, je me suis sentie flouée par l'enseignante esquivant les questions grammaticales et nous reprenant d'un tonitruant « *que tu me dices mi amol ?*» qui pourrait se traduire par un « mais qu'est ce tu racontes poulette ??? ». Devant ce débordement de cubanité je me suis posé la question de ma motivation réelle à poursuivre mes cours à la Faculté de Lettres de la Havane. Au final, étais-je venue pour une étude anthropologique ou pour l'amour de Cervantes...

Saintes nourritures

Les chiffres sont interéssants mais je ne sais quel journaliste plus ou moins informé, désinformé, réformé, déformé les a publiés. Il y aurait soixante pour cent de catholiques à Cuba. Je voudrais bien savoir d'où sortent ces statistiques. Si elles sont estimées par les paroisses, par l'évêque, ou plutôt par les autorités. Si on se fiait plutôt aux fidèles présents dans les églises au moment de la messe, on tomberait plutôt à deux pour cent.

En fait, les soixante pour cent désigneraient le nombre de Cubains baptisés, ce qui parait beaucoup après ces décennies d'interdiction religieuse ; à moins qu'il ne s'agisse de projections fondées sur l'origine européenne des habitants. Comme ici toute information est sussurrée, contrôlée, modifiée, on se méfie de tout….

Quoiqu'il en soit les églises étant des lieux de dons, on comptabilise peut-être ainsi le nombre de nécessiteux même si, officiellement, il n'y a pas de pauvres à Cuba. Dans ce cas, le pourcentage de gens relevant d'une paroisse me semblerait moins irréaliste…mais là encore je suis en pleine supputation…

Dans des proportions bien moindres, il reste quelques juifs à Cuba, les pratiquants se comptent sur les doigts d'une main. Les inscrits dans les trois synagogues sont de lointains descendants des survivants de la mini diaspora des années 1940 qui n'ont pas réussi à partir en vacances, selon le joli euphémisme, en 1960 et qui ne relèvent des statistiques que pour récupérer de quoi manger….Les seuls véritables pratiquants sont les étrangers qui peuvent certes assister aux offices mais ne peuvent pas être comptabilisés parce que eux n'ont pas besoin d'aide et que dans le cas où ils en auraient besoin on ne le leur accorderait pas faute de moyens…...

Du coup, les lieux de culte étant peu ou prou assimilés à des soupes populaires, on en arrive à des situations rocambolesques de familles catholiques qui célèbrent la messe chez eux comme aux premiers temps du christianisme, pas tout à fait cachés dans les catacombes mais pas si loin, et d'une famille juive qui fait venir des religieux et de la nourriture kasher de New York chez elle et envisageait d'aménager un lieu de culte sur sa terrasse. J'imagine déjà les rabbins sur le toit d'un immeuble de la Havane communiste, scène grandiose…... Je connais aussi des musulmans qui partent en expédition à la ferme pour tuer eux-mêmes leurs poulets selon les préceptes coraniques…Je ne sais pas comment survivraient des hindouistes végétariens ou des bonzes à Cuba mais l'idée me parait plaisante.

Du coup, il ne faut pas chercher les vrais catholiques, les juifs, les musulmans ou protestants officiels sur les bancs des églises ou des lieux de culte mais dans les cuisines et les réfectoires…On comprend mieux les chiffres glorieux exhibés par les temples de toutes sortes depuis une dizaine d'années, c'est-à-dire depuis que Fidel a reconnu la liberté de culte.

Entre le voyage du pape Jean Paul II en 1997 et celui du Pape Francois la ferveur est retombée et les promesses de liberté ne semblent pas plus offertes par le souverain pontife que par l'ex-ami ennemi américain. Et si le nombre en hausse de baptêmes permet à l'église catholique de sourire, la réalité paroissiale est bien différente. En effet, la pratique religieuse locale est réduite à quelques très vieilles dames, ou à des étrangers bigots. La vaste majorité des Cubains ne savent rien de la signification de Noël ou de Pâques et donnent l'impression que les francais les plus athées sont des exégètes tant l'inculture locale en matière religieuse est hallucinante. Entre le gardien d'immeuble qui pense que Noël célèbre la mort du Christ, la boutiquière qui n'a jamais entendu parler de Pâques ou du Christ et je ne parle pas de les interroger sur l'Assomption, la Résurrection ou autre concept compliqué…Quant à la foi, c'est une notion indexée à l'indice nourriture ou satisfaction des besoins matériels primaires ici….

Il est vrai qu'il y a peu encore, il était interdit de célébrer la moindre fête relgieuse et, faute d'éducation en la matière, la majorité des cubains ignore tout du culte. Depuis quelques années, on voit apparaitre des sapins de Noël en plastique décorés de guirlandes récupérées en Occident dans les stocks de l'après-guerre, et qu'aucun occidental normalement constitué n'accepterait à moins de préparer une soirée ringarde. Des loupiotes malmenées par les coupures de courant, de grandes crèches kitch décorent les églises. Mais ce qui importe réellement pour la population locale c'est le jour de congé supplémentaire et la perspective de manger du cochon grillé.

Alors pourquoi des statistiques si surprenantes ? C'est qu'avec la relative tolérance gouvernementale, outre les églises reformées, la pratique qui s'est developpée est celle de la *Santeria*. Or pour entrer en *Santeria*, il faut être baptisé. Ceci apparait clairement au musée de Regla ancien marché aux esclaves ou à la Casa Africa où l'on voit clairement la filiiation entre l'animisme apporté par les esclaves *yorubas*, originaires du Nigeria et fondu peu à peu dans le catholicisme des dominants. Ce synchrétisme, curieux mélange entre traditions et croyances des esclaves et habillage missionnaire a donné naissance à une des caractéristiques les plus colorées de Cuba. Ici point de vaudou, les *santos* sont plutôt pacifiques et débonnaires. Ils se baladent nonchalemment habillés de blanc et ornementés de colliers de verroterie. Car rentrer en *Santeria* se voit. Ce sont ces personnes vêtues de blanc des pieds à la tête, et quand je dis des pieds à la tête je pourrais écrire de la culotte aux chaussures puisque les boutiques spécialisées en la matière vendent l'équipement complet, pour un total supérieur à cent CUC quand même pour des gens qui gagnent à peine quinze CUC mensuel on voit le sacrifice…et cet équipement complet comprend tout, tout les sous vêtements blancs, le parapluie, le porte- monnaie, les coquillages pour prédire l'avenir, les mouchoirs.,.

L'ensemble est ensuite agrémenté de colliers et bracelets colorés de verroterie bénis et donc vendus chers, en fonction du saint auquel le croyant se voue. Car il y a tout un panthéon de dieux africains *Lucumi* avec un système sophistiqué de correspondances avec les saints catholiques. Le fameux habillage colonial qui avait pour but de tromper les maîtres lorsque les esclaves pratiquaient leur religion.

Ce que j'adore, avec mes yeux de néophythe, ce sont ensuite les objets de culte, les bâtons utilisés en cas de difficultés. On peut acheter des bâtons pour repousser le mâle qui s'en prend à votre vertu feminine, ou le mal, pour contrer celui qui cherche à vous dominer, pour vous rendre votre vigueur…Il y en a pour toutes les difficultés de l'existence, mais plus particulièrement sexuelles, on est à Cuba tout de même.

Après une soixantaine d'année de disparition ou en tous cas de dissimulation, il est fascinant de voir le nombre de ces personnes toutes de blanc vêtues, en général pour des motifs de santé ou pour d'autres gros problèmes, financiers, conjugaux, familiaux. Ne sachant plus à quel saint se vouer, ces « *santos* » finissent par dédier une année de leur vie et pas mal d'argent, par rapport à leur fortune personnelle si limitée, à la prière, à un régime, à un style de vie, à l'*orisha*, ou divinité, designée par leur *babalao*, l'équivalent de l'imam ou du curé.

Cela ne veut pas dire que toute personne déambulant dans les rues, habillée de blanc, ait fait un vœu religieux. En effet, dans ce pays, les travailleurs en uniforme ont la curieuse habitude de ne pas changer de vêtements lorsqu'ils quittent le travail. Du coup on ne sait jamais si le policier qui fait un signe aux voitures cherche à verbaliser ou simplement à rentrer chez lui en auto-stop, si la dame en blanc est une *santa* ou une infirmière, si le monsieur en vert qui traverse la rue dans la boue ou est serré dans la touffeur de l'autobus est un chirurgien qui rentre chez lui après une journée de labeur ou s'il part directement au bloc opératoire….

Mais ce sont les quolifichets qui renseignent sur l'implication religieuse, bandeau blanc dans les cheveux, parapluie blanc, casquette blanche, chaussettes blanches et colliers et bracelets….

Et puis les preuves de cet attachement à la religion des anciens esclaves sont patentes, et odorantes d'ailleurs, dans la ville près des fromagers, ces arbres sacrés. Des dépôts alimentaires putréfiés attestent d'offrandes passées. Quand il s'agit de fruits c'est tenable, les poulets guillotinés sont plus pénibles à rencontrer. En ville, ils sont aujourd'hui emballés dans des sacs plastiques et seule l'odeur permet de localiser la précieuse offrande.

Mais au *parc Almendares* ou à la plage le dimanche matin, il n'est pas rare de rencontrer des bestiaux atrophiés, des fruits déposés, aux divinités de la rivière ou de la mer…Evidemment les touristes passent un peu à coté…On a même vu un Italien se pencher à la plage pour ramasser une banane, hommage rendu à Yemaya, la peler pour la manger…Sacrilège d'occidental inculte.

L'appel de la patate

L'un des sports officiels à la Havane est de faire le marché, et la queue. En raison des pénuries et des problèmes d'approvisionnement, de stockage, d'acheminement le second sport officiel consiste bien sûr à acheter de manière officieuse, *à la izquierda* comme on dit ici… alors on se fait siffler. C'est la façon infiniment élégante qu'ont les cubains de vous appeler un *tss tss* proche du sifflement admiratif ou plutôt de l'appel au chien pour vous proposer qui des crevettes qui des pommes de terre, en bref tout ce qui est illicite.

Pourquoi les pommes de terre sont elle interdites, je n'en ai aucune idée. Pas plus que je ne comprends pourquoi ce qui pousse au Mexique à quarante cinq minutes d'avion ne pousse pas ici, ni les courgettes, ni les tomates, ni les fruits…il est vrai que les Cubains se contentent de riz, haricots rouge, porc ; porc, riz, haricot rouge ; riz, haricot rouge, porc. Ils ne consommeraient donc pas les fruits et légumes qui ne sont donc pas cultivés, ni vendus. Ce tous les jours que Dieu fait, à tous les repas…Toujours est-il que l'on ne trouve pas de pomme de terre ce qui plonge ma voisine la femme de l'Ambassadeur de Belgique dans l'affliction la plus profonde, car, comme elle me l'a dit l'autre jour avec un air contrit et un accent épais, on fait comment des frites quand on n'a pas de pommes de terre…

Bref pour manger des pommes de terre, des *papas* il faut passer au marché, devant le marché, avant le marché mais pas sur le marché même. Pour les langoustes c'est le même combat, soit on connait un livreur qui risque gros pour venir vous apporter votre pitance, soit on part en expédition chez les pêcheurs dans une voiture de diplomates car ce sont les seuls à pouvoir éviter les contrôles. Or il est interdit d'acheter des langoustes réservées à l'exportation et aux lieux touristiques, pas plus que des poissons, ce pour une raison que je n ai pas encore réussi à élucider au demeurant…

Il semblerait que les poissons mangent des algues nocives et rendent malade, mais jusqu'à preuve du contraire la santé publique n'a jamais empêché un cubain de se faire de l'argent sur le dos de ces crétins de *Yumas* (gentil nom pour les Américains ou assimilés, les peaux claires au portefeuille bombé). En revanche il ne me semble pas que la pomme de terre soit nocive, Quoique. J'ai entendu dire qu'elles ne se vendaient pas car elles étaient destinées à être replantées. En fait on entend tout et son contraire mais le mystère de la patate introuvable et du poisson interdit reste entier…

Il est d'autant plus compliqué que les récoltes restent à Cuba soumises à la saison. Si dans nos pays on trouve de tout n'importe quand, le peu de produits en vente à Cuba, fluctue selon les périodes. Et parmi ces fluctuations celle de la pomme de terre bat des records. La pomme de terre est légale à peu près une semaine par an, le reste du temps, le gratin dauphinois se fait sans crème sans gruyère sans pomme de terre bien évidemment, la purée se fait à la patate douce, ce qu'on rissole c'est le manioc, en salade on mange des avocats, bref on invente on détourne ou alors on se cache pour aller chercher la précieuse tubercule dont le cours bat des records, dissimulée dans des arrière-cours cachées.

Et si, d'aventure, on met la main sur la denrée tant désirée, elle est si germée si terreuse, il faut tant la gratter qu'il n'en reste qu'une toute petite moitié comestible quand elle n'est pas pourrie….
Alors, on ruse, on mange des patates douces, de la purée en poudre et quand le besoin de vraie pomme de terre se fait trop intense, on tente une incursion sur les réseaux sociaux. Par whatsapp on s'informe. Si une

Espagnole ou une anglophone peut donner une information en échange d'une autre trouvaille insensée, genre des pommes, c'est le bonheur. De ce côté là, la francaise n'est guère joueuse, ni prêteuse d'ailleurs. Il faut dire que l'échange est dangereux. Si l'information que je m'apprête à donner allait se perdre...J'ai trouvé quelque chose je me le garde au risque qu'il ne disparaisse. Ou mieux j'achète tout et je revends deux fois plus cher ! Car l'expatriation à Cuba peut abimer l'âme la plus pure.

Et c'est ainsi que les étrangères en partance vers leur patrie ou vers d'autres pays se mettent à vendre des meubles ikea tout cabossés plus cher qu'elles ne les ont achetés cinq ans auparavant. Ou elles vendent sans honte tout et n'importe quoi, des vieilles culottes, des paquets de couches entamés, des produits ouverts. Ce qui soit dit en passant ne change pas trop des magasins où les produits d'entretien remplissent deux-tiers seulement des bouteilles et où l'on ne trouve jamais de bouteilles scellées.

J'ai même acheté un sac que je trouvais joli avant de me rendre compte que les Espagnoles abonnées à un certain journal avaient toutes le même, cadeau promotionnel...D'autres font des stocks qu'elles revendent à prix d'or quand le produit vient à manquer. D'ailleurs, certaines n'utilisent les réseaux sociaux que dans la version Petites Annonces. On voit même des annonces promettant récompense à celui qui ramènera Médor, ou d'autres proposant de l'argent contre une petite commission au-delà des frontières.... .... Vraiment, on n'a pas toujours de quoi se vanter d'être _yuma_...

Bienvenue à Jose Marti

Depuis le temps, je suis une *especialista* des voyages en avion. Je devrais l'être plus précisemment depuis que je parcours une bonne partie du monde grâce aux lignes aériennes les plus farfelues. Le croiriez-vous j'ai toujours aussi peur, voire un peu plus même, si c'est possible. La seule chose que m'ait apportée l'utilisation réccurente de compagnies variées est un changement dans mes peurs.

Au début, quand j'étais jeune, il y a bien longtemps, j'avais peur parce que je craignais d'être en retard, et de manquer l'avion. Ensuite, après passage dans les tout petits avions pris en plein orage tropical, j'ai eu une peur bleue de m'écraser et un sérieux mal de coeur. Je crains de m'écraser depuis la fois où j'ai lasséré le bras de mon voisin tant j'étais terrorisée par les soubresauts de l'avion. Je suis en proie à de sombres pressentiments après être restée collée de terreur à mon siège en voyant le pilote lire son journal pendant que l'avion faisait des embardées, ou plutôt des soubresauts dans l'air, des turbulences selon l'euphémisme préféré du personnel aérien….

Avec la période des voyages en Russie et dans les anciens pays du bloc soviétique, j'ai commencé à développer une nouvelle forme de phobie à l'avion, la peur de l'arrivée. Avec des questionnements existentiels du genre « et si on me refusait l'entrée sur le territoire, et si mes bagages n'arrivaient jamais… ». Sur ce chapitre, le changement de compagnie aérienne pour assurer une liaison est particulièrement indiqué. J'ai le souvenir de valises chargées de cadeaux de Noël qui nous auront suivi avec un décalage de deux jours pendant tout un périple avant de revenir quasiment au point de départ sans n'avoir été ni reçues ni même ouvertes bien sûr. Adieu cadeaux de Noël et autres petites babioles, adieu manteaux et vêtements appropriés et dommage pour les gourmandises expirées…Et je passe ici sous silence les récits engageants de certains de mes proches bien intentionnés sur le peu de fiabilité des compagnies aériennes et le manque de suivi de la maintenance….

Pour ce qui est de l'entrée ou plutôt du refus d'entrer sur un territoire, mon record personnel se situe à Moscou, une année où mon passeport et son visa avaient dû passer entre une vingtaine de mains entre les différentes ambassades, services cconsulaires, agences de voyage etc…aucunes d'entre elles, pas plus que mes yeux d'ailleurs, ne s'étaient rendu compte qu'il manquait deux malheureux jours après les six mois réglementaires post-retour dans mon pays. Mais, le douanier, lui, l'avait vu……Je crois que jamais je n'oublierai cet officiel libidineux qui après m'avoir fait attendre des heures qui m'ont parue infinies dans un espace fermé tenant plus de la prison que du salon, m'a examinée de bas en haut pour me susurer d'un air entendu que je serais peut-être libre à la fin de la nuit. Je ne sais et ne saurai jamais ce qui s'est réellement passé alors, qui a payé quoi et à qui, mais j'ai finalement pu rentrer en Russie à la condition de me précipiter à l'Ambassade de France dès le lendemain à la première heure pour faire régler ce fâcheux problème...

Il y a aussi eu la période arabe, où l'on cachait les boites de rillettes dans le linge sale en recouvrant les étiquettes et en surimprimant la mention « paté de pigeons » ...

Pour ce qui est de l'entrée sur le territoire cubain, de nombreuses arrivées à l'aéroport Jose Marti m'ont aussi permis d'entretenir ma peur de l'avion ou plutôt mon angoisse de l'arrivée. Avec des questions du type « Que va-t-on me prendre cette fois dans la valise. Va-t-elle arriver intacte. Quand va-t-elle arriver et va-t-elle arriver ?? Et si la tonne de médicaments introuvables sur place n'était plus là et mon chocolat, et le petit tout petit morceau de fromage si bien emballé. On est français ou on ne l'est pas.... Vais-je retrouver le chocolat, le pâté, les médicaments ? »
Finalement est-ce si grave ou est-ce seulement la crainte de passer des heures éprouvantes à la douane à attendre ma valise qui forcément sortira la dernière, à attendre mon tour dans la queue, à attendre, à attendre ?
A moins que ce ne soit la projection de ce qui va bien pouvoir m'arriver. Il faut dire, qu'en la matière, Cuba peut se révéler un lieu de toutes les surprises parfois totalement incongrues. Comme si Jose Marti lui-même nous attendait un couteau entre les dents en signe de bienvenue....

Ainsi, nous avons déjà été menés au mauvais terminal. Le bus qui nous débarquait de l'avion nous a déposé dans une aérogare où de toute évidence nous n'étions pas annoncés. Nul bagage en vue. N'écoutant que mon intempérance de française, je commence à accoster tout le personnel que je croise. Sans succès puisque à Cuba du fait de la déresponsabilisation organisée ou plutôt désorganisée, personne n'est jamais responsable de quoi que ce soit, donc pas non plus au courant...Au bout d'un temps certain, on me répond qu'il est incroyable que je me sois trompée ainsi de terminal alors que le reste de l'avion m'attend ailleurs. Lorsque je désigne le troupeau d'Asiatiques extatiques en attente de bagages qui jamais n'arriveront, le monsieur qui a eu l'impudence d'avoir l'air de savoir où j'étais sensée débarquer me regarde avec consternation en niant l'évidence. Ces Chinois hagards ne peuvent pas venir de Pékin par Air China puisque les passagers du dit vol sont attendus dans un autre lieu...Comme le Cubain n'a jamais tort, le brave agent aéroportuaire se demandait sérieusement comment tous les passagers d'un avion pouvaient avoir eu l'idée malencontreuse de se précipiter comme un seul homme dans le mauvais terminal, distant d'une bonne dizaine de kilomètres des arrivées internationales... Pour la première fois de ma vie, et j'ose l'espérer la dernière, j'ai du refaire la queue des passeports en sens inverse, remonter dans le bus brinquebalant puis repartir en espérant que celui-ci pour le moins était le bon, vers le bon terminal...en compagnie de toute la horde de chinois égarés et pour le coup totalement *lost in tranlation* les pauvres...

Cette mésaventure n'est pas la seule, ni la plus exotique puisque c'est aussi à l'aéroport Jose Marti, bien nommé en mémoire du héros de l'Indépendance nationale, que nous n'avons pas pu décoller en temps et en heure parce que le bus avait oublié un petit détail, aller chercher la *tripulation*, ravissant mot espagnol pour désigner l'équipage, resté en carafe dans son hotel...

On comprend mieux mes craintes à l'approche d'un voyage ou méme de l'arrivée d'un de mes proches... Ainsi, après les mésaventures de l'arrivée ratée du vol Air China, on ne sait jamais dans quel terminal se rendre. Il y a en fait trois terminaux à la Havane, ou pour être plus précis trois hangars. L'un pour les départs internationaux avec un café miteux qui propose de vagues expressos et des sandwichs à la graisse à des prix en devises dignes de tout aéroport international, l'autre pour les vols nationaux qui propose les mêmes cafés et sandwichs immondes en devise locale soit vingt-cinq fois moins cher et le dernier pour les vols américains, les vols officieux donc qui ne propose rien, histoire de bien accueillir les ressortissants américains. Mais parfois certains vols semblent sans statut, ainsi les vols d'Air China, on l'a compris, indiqués dans une aérogare peuvent atterir finalement dans une autre.

Ceci dit, ce n'est pas très gênant car comme l'écran est souvent en panne, les responsables de l'affichage omettent de le mettre à jour (au cas où il serait à nouveau en panne ou en phase de l'être, inutile d'en faire trop pour rien- ce qui pourrait être la devise cubaine) du coup on ne sait jamais ce que l'on attend, ni où ce qui peut créer de sérieux désordres. Mais, encore une fois, ce n'est pas trop grave car la dame qui s'occupe des informations est soit en pause déjeuner soit absente pour cause d'occupation plus importante. Et dans les rares cas ou son gros arrière-train siège dans la guérite destinée à distiller des informations dont elle ne dispose pas puisqu'elle n'a pas d'ordinateur, elle ne semble ni au courant, ni concernée par les mouvements aériens. Elle tente bien de hurler à la cantonade pour demander du nouveau, lorsqu'un voyageur paniqué la presse un peu trop, sans résultat autre que de rendre le pauvre voyageur sourd. Il repart toujours aussi ignorant mais en outre handicapé et migraineux. Il lui incombe donc, à lui voyageur putatif, d'aller pêcher l'information au prix de traversées multiples du hangar, de harcèlement de tout uniforme passant à proximité. Ce, pour peu qu'il comprenne un traitre mot de l'espagnol pratiqué sous les Tropiques, c'est à dire machouillé, aux terminaisons avalées et aux expressions très locales. Ce qui revient à un anglophone qui aurait appris un peu de francais à l'école et qui tenterait de survivre linguistiquement dans le grand nord québecois...
Dans l'hypotèse où l'avion est retardé ou annulé ce qui peut vraiment arriver, voire arrive fréquemment, il incombe également au voyageur de se tenir au courant du jour, voire de l'heure de l'éventuel avion de remplacement, ce qui dans un pays où les communications tiennent de la science fiction peut parfois exaspérer un tantinet... Faudrait quand même pas que ces étrangers riches et gâtés croient en plus que les cubains pauvres et privés de sortie de leur territoire sont prêts à les aider. Qu'ils assument leurs dollars et leurs envies de voyager......

Le point positif c'est que l'aéroport et la boutique de rhum sont ouverts vingt-quatre heures sur vingt-quatre, au contraire des guichets qui même s'ils sont en heure de fonctionnement ne semblent pas en état de fonctionner, pas plus que le personnel chargé de l'enregistrement qui a l'air prêt a tout sauf à s'occuper du voyageur qui parfois s'impatiente voire ose émettre une protestation. Les guichets ne sont pas plus opérationnels au demeurant que les toilettes visiblement nettoyées et approvisionnées en eau et papier hygiénique une fois par mois, dans le meilleur des cas. Ce qui somme toute est quand même largement supérieur à l'ensemble des lieux d'aisance du pays. Du coup, en arrivant d'un voyage long et éprouvant dans la tumeur, la rumeur, les odeurs locales, l'état des lavabos renseigne vite sur l'état de developpement du pays. Et l'on se prend à se demander pourquoi on a quitté son pays d'origine pour gagner ce pays de carte postale...Et l'on comprend surtout bien vite que la carte postale ne donne qu'une jolie image de ce vers quoi l'on se précipite...

Conte électroménager

Hier soir je me suis rendu compte que mon réfrigérateur ne faisait plus de bruit et que le micro-onde avait l'air éteint.

Après avoir vérifié les branchements, fusibles, et attendu le retour du courant, j'ai fini par aller me plaindre à la réception de l'immeuble. Quelques longues heures plus tard, sont arrivés les pieds nickelés habituels et surtout habitués des tentatives ratées de réparations. Après s'être consultés sous le regard de la cheftaine très en chair qui les accompagne toujours, histoire de les décharger de toute responsabilité, ils ont décrété que la prise de courant alimentant mon armoire réfrigérante ne fonctionnait pas (bravo quelle découverte, l'ennui c'est qu'elle fonctionnait une heure auparavant) et qu'il suffisait de changer de branchement.

Là où l'histoire se complique, c'est que mon réfrigérateur est une sorte de Rolls Royce de la réfrigération dont j'ai hérité avec bonheur car ce genre d'article n'existe de toute évidence pas à Cuba. Mais surtout, le problème est que, dans cette maison, aucune prise ne ressemble à l'autre et qu'on ne sait jamais ce qui est en 110V ou 220V. En fait, les voltages, tout comme les ampérages ne ressemblent à rien dans ce délicieux pays, ce qui explique que les horloges venues d'ailleurs retardent (détail fantastique lorsque l'on voit combien les gens se comportent face au temps, cette nonchalance caraibe doit s'expliquer par l'ampérage humain ou par le sens du mot si usité de *mañana* que nous avons le tort de traduire en francais par demain car il s'apparente davantage au *hinshallah* arabe, un jour peut être si Dieu le veut…). En l'occurrence, j'ai pu remarquer le soir que, sous l'action des pieds nickelés, brigade de non-réparation, le problème s'était déplacé et que le réfrigérateur refaisait certes son joli petit bruit mais que la cuisinière, elle, ne s'allumait plus, pas plus que les lampes de la chambre d'ailleurs….

Ce matin en allant préparer le petit déjeuner, j'ai noté d'emblée en attrapant le lait, que tout avait fondu dans mon beau frigorifique, et que, de toute évidence, il ne produisait plus de froid mais se contentait d'émettre une lumière très violente digne des spotlights d'un institut de bronzage. En tripotant pour régler mon électro-ménager, la lumière et le bruit se sont éteints dans un grand pff et je suis descendue fulminante à la réception de l'immeuble pour demander une intervention urgente visant à sauver quelques provisions du naufrage alimentaire.

Il faut dire que perdre ce que j'amasse consciencieusement depuis des mois a de quoi me rendre hystérique…. Ce n'est pas trop mon style de stocker, venant de France où l'on trouve de tout mais où l'on n'a pas toujours la place de conserver, mais ici point de survie sans provision pour les mois maigres dont on ne sait jamais quand ils surviendront…D'autant que fin Novembre rime avec visites et que Décembre rime avec départ pour la trêve hivernal. Par prudence, je provisionne, histoire de ne pas souffrir de pénuries trop importantes au retour, et histoire de prévoir d'éventuels visiteurs. Les gens ne se rendent pas compte, c'est fantastique d'accueillir, mais encore faut-il avoir de quoi nourrir nos compatriotes gâtés et inconscients des difficultés d'approvisionnement dans l'île merveilleuse…Revenons en à la panne qui m'occupe et me préoccupe…

Une heure plus tard, ne voyant pas le grand spécialiste en réparation arriver, je suis redescendue voir ce qui se passait. Le gardien de nuit attendait mollement la relève pour en parler. J'avoue avoir un peu élevé la voix. Du coup, ça a un peu bougé, appelé dans toutes les directions. C'est curieux d'ailleurs, à Cuba, on conseille toujours aux Français, certes peu flegmatiques, de ne pas s'énerver, mais j'ai toujours eu la sensation au contraire, qu'un petit peu d'autoritarisme ciblé pouvait être bénéfique…Pour autant, j'ai aussi droit aux conseils habituels de retour à la patience. Cela a le don de m'énerver encore plus parce qu'honnêtement je fais des efforts quasi surhumains pour rester calme face à la procrastination ou à l'indifférence générales et je trouve particulièrment injuste que l'on me reproche mon irritation tout à fait compréhensible aux vues des circonstances…Et puis je ne m'énerve pas moi, j'élève juste un petit peu la voix…Bref rien de mieux pour m'énerver que de me dire de ne pas le faire…

Bon, j'ai élevé un peu la voix et le gardien a fini par m'avouer que si j'avais une option autre que recourir à la maintenance de l'immeuble il valait mieux l'utiliser…Après avoir fixé désespérément et inutilement son regard torve, j'ai donc posté un mot sur les réseaux sociaux pour récupérer un électricien qui a fini par arriver pas mal de temps plus tard, une fois qu'il a pu prendre la *guagua* (le bus local) pour constater que les branchements étaient faits en dépit du bon sens, que les prises ne correspondaient à rien et que les pieds nickelés avaient branché le 110V sur du 220V et donc avaient brûlé mon énorme et magnifique réfrigérateur. J'ai un peu crisé intérieurement, là aussi les fusibles commencaient à chauffer de partout. Mais je me suis abstenue de m'énerver contre le pauvre monsieur qui n'y pouvait rien, lui…

Il a alors proposé d'appeler un copain pour voir si ce qui pouvait etre sauvé pouvait l'être… Pendant ce temps là, j ai dû éconduire l'électricien de l'immeuble qui était enfin arrivé, et se pointait afin de récupérer lui aussi un pourboire. En fait, je craignais qu'il soit aussi mauvais que celui de la veille qui en fait est charpentier (mais sûr que si j'avais besoin d'une étagère il me serait proposé comme plombier tant ces gens ne sont jamais responsables de quoi que ce soit, ni compétents en quoi que ce soit). Il est en fait vraisemblablement instituteur ou cuisinier.

La cheftaine ventripotente, dont j'ai découvert dans la journée qu'elle avait sa carte du parti, ce qui signifie qu'elle est indéboulonable et que sa principale fonction est la délation, m'a alors douceureusement proposé de transférer ma nourriture dans le réfrigerateur du troisième étage dans lequel elle squatte un appartement réputé inhabitable. Mais quand dans l'après midi, passablement exédée, j'ai exigé d'avoir un réfrégirateur de remplacement, puisque donc elle venait de m'avouer en avoir un, elle m'a expliqué d'un air gêné, que le sien, dans lequel elle m'avait fait entreposer le contenu de mes courses du mois, était utilisé aussi par d'autres personnes et qu'elle pouvait y conserver mes provivions mais pas me le prêter....

Après de nombreux appels, contrordres et une confusion impressionnante, tout à coup, un Monsieur coiffé d'un panama est apparu d'on ne sait où (en fait l'ami mystérieux de mon électricien apparu miraculeusement via les réseaux sociaux) et après m'avoir fait un baise-main et une courbette, tout à fait bienvenus dans ces circonstances, il a vérifié comment réparer le réfrigérateur. Il n'a évidemment pas réussi mais il m'a promis de revenir et voyant que je risquais de perdre le contrôle de ma bonne humeur, car j'avais bien évidemment un rendez-vous que je ne cessais de repousser depuis le début de la matinée, il m'a proposé de m'emmener dans sa voiture. Alors, on est montées (ma voisine qui me soutenait le moral depuis un moment et moi) dans sa vieille poubelle russe et en reculant, mon réparateur au panama a défoncé la voiture de derrière. Ça a fait un gros boum. ... Au lieu de s'arrêter pour aller voir...il est parti au plus vite et en rigolant comme un fou...Welcome to Cuba....

Quand je suis revenue deux heures plus tard, et sans avoir laissé mes clés à quiconque, un nouveau réfrigérateur trônait dans ma cuisine à coté de l'autre. C'était sympathique. Cependant, l'idée que quelqu'un était rentré en mon absence, sans mon autorisation, et sans m'en avoir avertie, m'a un peu gênée...Je n'avais plus la place de bouger et encore moins de cuisiner mais bon j'avais deux réfrigérateurs que je ne pouvais pas utiliser car l'un était hors d'état et l'autre avait été secoué dans un camion, ou une charrette, de déménagement pour m'être livré (dixit les spécialistes de l'immeuble) et donc il me fallait attendre que le gaz repose avant de l'utiliser...En attendant je suis allé signer la livraison du nouvel appareil électro-domestique, un privilège énorme dans le pays. Puis, lorsque je suis rentrée dans l'appartement du troisième étage pour récupérer mes produits entreposés dans le réfrigérateur de substitution, la grosse cheftaine en délation a essayé d' allumer la lumière de la cuisine et voyant que l'ampoule n'éclairait pas, elle est allé appuyer sur le dijoncteur...elle est ensuite venue me dire que je pourrai récupérer mes aliments le lendemain car il était l'heure pour elle de partir et la *guagua* n'attendrait pas...le lendemain je suis allée chercher ma nourriture pour me rendre compte qu'en effet elle était en grande partie décongelée.

Dépitée, j'ai dit qu'il me fallait tout jeter et c'est là que j'ai compris…quand la cheftaine en chef m'a répondu de ne pas me débarrasser de quoi que ce soit, qu'au pire je pouvais lui laisser mes produits, qu'elle pourrait les utiliser elle, elle n'y voyait pas de problème…Il est vrai qu'ici la chaine du froid n'a aucune importance…il vaut mieux acheter frais mais certainement pas congelé…Car le congelé a toutes les chances de ne plus être frais à Cuba….

En fin de compte, le Monsieur du réfrigérateur est revenu avec son chapeau, ses salamalecs et trois types. Au bout de deux ou trois heures, mon refrigérateur ne s'allumait plus mais fonctionnait… du coup, j'ai voulu lui confier mon super fer à repasser de compétition, rapporté d'Amérique du Nord pour qu'il le répare puisque je l'ai un peu explosé celui là aussi en le branchant dans la mauvaise prise. Il faut dire que les cubains mettent ce qu'ils ont sous la main, en l'occurrence des boitiers de prise 220V sur des prises enV110 et vice versa sans le spécifier et advienne que pourra… Et on ne dispose d'aucun moyen de savoir quel est le voltage d'une prise si on ne la fait pas tester. Car entre ce qui est dit, écrit et cru il y a de quoi devenir dingue dans cette maison ou aucune prise n'est conforme.

Ces branchements défectueux ont donc déjà coûté la vie à la superbe centrale vapeur, objet de toute ma dévotion. Il faut dire, circonstance atténuante, que le jour où j'ai mal branché mon fer, la femme de ménage m'avait annoncé qu'elle partait vivre sa vie sous d'autres tropiques … j'étais, on le comprendra facilement, passablement perturbée…Alors le gars est parti avec mon fer que j'avais déjà laissé en vain à réparer chez un autre pied nickelé. Il est revenu deux semaines plus tard avec mon trésor démonté en me disant qu'il ne pouvait rien faire car l'engin avait été vidé de ses connections essentielles…Welcome to Cuba disais-je donc…

Depuis cet épisode, je me suis équipée d'un batteur mécanique, un Barbecue à bois et des bougies, j'achète essentiellement des fruits et des légumes au marché, des conserves et je mets tout dans des boites hermétiques pour parer à tout manquement de lumière, de connexion voire de froid, ou toute prolifération d'insectes…Je fais bien car aux dernières nouvelles, le réfrigérateur est en panne et ne produit plus de froid. Au moins, il conserve les aliments à l'abri des cafards et il ne dépense pas trop de courant...

Raimundo « the butcher »

S'approvisionner à la Havane s'apparente souvent à une chasse au trésor voire à une mission impossible. Les premiers temps exigent une adaptabilité conséquente par rapport aux habitudes acquises dans le reste du monde.

Le premier réflexe à adopter quand on se balade est de se montrer prêt à s'arrêter à chaque queue, on ne sait jamais si, au bout de l'interminable attente se trouve le graal du moment, l'objet de tous nos désirs, une plaquette de beurre, un litre de lait, ou mieux encore, soyons fous, une pomme….

Le second réflexe consiste à ne jamais écrire une liste en prévoyant ce que l'on va préparer mais plus simplement de s'adapter à ce que l'on risque éventuellement de trouver. Sur les marchés, si l'odeur ne rebute pas trop, on trouve généralement du manioc, du taro et de la patate douce, l'été, des mangues et des avocats. L'hiver on oublie ces deux derniers et l'on ne trouve plus que des salades trop montées ou des tomates gonflées artificiellement grâce à un liquide mystérieux mais montré du doigt.

Il faut garder présent à l'esprit, que la LEM est une loi majeure ici, il manque forcément un produit de base, lait, farine, œufs, papier hygiénique. De même, ne sont vendus au marché qu'une variété limitée, surtout l'été, sur une période qui dure de deux à six mois. Cela crée toujours un effet de saturation et de frustration. On est en effet contraint de manger par phase. Conséquence de la planification ou d'une logistique unique en son genre (dieu merci) voire monomaniaque…

Certaines n'ont pourtant pas compris, un matin je me suis trouvée dans une scène ubuesque, à faire les courses avec le chauffeur et la nounou d'une voisine, puisque je n'emploie ni l'un ni l'autre et me contente de mon vélo pour circuler…… … je me suis retrouvée à faire les courses avec ces deux personnes chargées d'acheter pour leur patronne du saumon, du roquefort et de l'huile d'olive dans un pays où les seules valeurs intangibles en magasin sont le riz et…les haricots rouges…ah oui et le rhum et la mayonnaise…. Bref les deux se demandaient pourquoi chercher à travers toute la ville ce fromage moisi et malodorant…et du poisson inconnu et hors de prix alors que le pargo c'est interdit mais tellement bon. Vu les efforts déployés, aucun des deux produits n'a d'ailleurs été trouvé, en revanche l'argent a été consciencieusement dépensé…

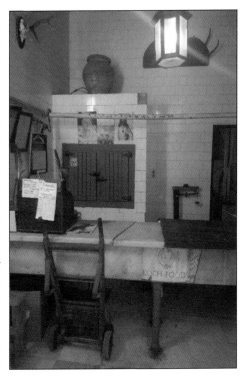

Pour la partie crèmerie, il faut aller dans un autre type de magasin. A l'odeur on repère vite si le réfrigérateur, souvent en panne, est achalandé ou non en laitages ; Mais s'il y a du fromage il faut souvent acheter la meule complète et trouver ensuite à la partager. Elle vient de loin et son prix freine souvent le fromagovore le plus frustré. Une fromagerie a ouvert dans la vieille ville, elle est malheureusement presque toujours vide. Pour les amateurs de fromages aventureux, (les amateurs, pas les fromages) ils peuvent encore parcourir les routes de campagne et acheter auprès de ces jeunes gars sortis de nulle part et brandissant d'énormes masses coulantes sur le bord de la route au risque de se faire faucher par un véhicule rarement identifiable.

Les nostalgiques de surgelés sont encore plus à la peine lorsqu'ils débarquent dans les magasins à moité vides et dont les congélateurs antidéluviens exhalant des odeurs pestilentielles laissent apparaitre deux paquets à demi décongelés de croquettes ou de fruits…

Heureusement, pour compenser la rareté des produits frais ou supposés tels, les magasins de plus en plus nombreux, déploient des linéaires impressionnants de crakers, tous de la même marque, limonade et mayonnaise. En revanche il n'y a pas souvent de farine sinon par sacs de cinq ou dix kilos, dans un pays infesté de charençons c'est bienvenu, rarement du lait et parfois du sucre, ce qui peut paraitre curieux pour l'un des premiers producteurs de canne à sucre au monde. D'ailleurs, il semblerait que Cuba importe actuellement du sucre à la France, comment va le monde justement…Et puis, si l'on trouve du riz, il n'y aura pas de pâtes ou pas d'autres aliments. Ce qui est sûr c'est que pour remplir les armoires il faudra tourner beaucoup d'une boutique à l'autre car aucun magasin ne couvrira l'ensemble des besoins. Parfois, on tombe sur des produits du premier monde, complètement improbables, du type mélange à crêpes ou à brownies, tombés d'un camion canadien. Le seul problème est que l'on ne trouve pas forcément, les oeufs, le lait ou la farine qui permettraient d'utiliser la trouvaille. Le chauffeur du camion n'a pas fait tomber tous les composants de la recette, hélas, trois fois hélas ! Néanmoins, le mode de préparation étant écrit en tout petit, trop petit, lorsque l'on n'a pas ses lunettes sur soi ou que la queue à la caisse promet une attente vertigineuse, on tombe dans l'achat compulsif, on acquière donc le paquet, et une fois rentré chez soi, on consulte la recette et…. On met le tout au fond d'un placard sans en vérifier la date d'expiration…et on l'oublie…tant de réserves…. Quand on l'exhume deux mois plus tard, si par extraordinaire la date de consommation est encore valide, de petits habitants à pattes et antennes se sont confortablement installés…

Une fois donc que l'on a terminé l'acquisition des fruits et légumes au marché, en complétant dans un autre marché pour les herbes aromatiques, que l'on a visité les cinq grosses boutiques pour les conserves et autres aliments en sachets, que l'on a tenté sa chance chez trois fournisseurs potentiels de laitage, vient le moment de se mettre en quête de pain. Il y a pour le coup pas mal de boulangeries qui vendent du pain cubain, ces espèces de gros pains blancs insipides et durs. Quelques petits malins se sont mis à vendre de la fougasse et des gateaux crémeux plus appropriés aux goûts européens que les énormités surmontées de glaçage blanc sucré et de fleurs kitch qui font l'ordinaire des fiestas cubaines ; Ces énormes gateaux blancs, tartinés de nappage pur sucre et parsemés de fleurettes bleues ou roses trônent dans les réceptions et restent en plein soleil durant des heures sans changer d'aspect. Une boulangère maline et polonaise s'est, elle, spécialisée dans la baguette à la française, qu'elle fabrique dans sa cuisine au fin fond d'une cour uniquement fréquentée par les initiés. Elle n'ouvre malheureusement ses portes que si les conditions optimales sont réunies, c'est-à-dire épisodiquement : farine, eau, gaz, électricité. Malheureusement et évidemment serait-on tenté de dire, il lui manque souvent un ingrédient, voire les trois…

Certaines tournées d'approvisionnement sont fastes, d'autres plus erratiques. En ce cas, il faut recourir au réseau et lancer des appels à témoin pour retrouver trace des disparus : «donne récompense à celui ou celle qui m'indiquera où trouver des pommes, de la farine, des oeufs, de l'essence » …Heureusement donc, on peut toujours compter sur les connaissances ou les réseaux sociaux pour indiquer que rue 10 par exemple, il y a des pommes. Une fois résolue l'épineuse question du transport pour accéder rue 10, les pommes tant vantées ont disparu, alors on se reprécipite chez soi, si jamais le merveilleux whatsapp vous indiquait une autre adresse et bis repetita puisque faute de réseau on ne capte les ondes magiques que chez soi ou dans les hôtels internationaux ou les hotspots mais seulement si l'on s'est munis de la carte à gratter…. Alors oui, il y a des filons, mais encore ne sont-ils pas accessibles à tout le monde. On met aussi parfois le doigt sur des anecdotes juteuses, si l'on peut dire, ainsi le scandale des pommes…

Il y a quelques semaines, alerte non pas à Malibu mais à la Havane, les réseaux sociaux s'affolent d'une livraison énorme de pommes. Une heure après l'annonce, des exclamations fusent, les pommes ont déjà disparu. Le mécontentement gronde jusqu'à ce que filtre sur un blog, l'information selon laquelle quelques jeunes bien musclés, de mèche avec le magasin, sont venus vider les cageots à peine déchargés pour les recharger dans un camion affrêté à cet effet. Le scandale explose, à tel point qu'il est relayé par la presse locale puis internationale. Les employés sont remerciés mais l'on ne mentionne pas la direction de l'établissement. Pour autant et pour la première fois face à l'agitation, l'état intervient et menace de légiférer, il ne sera désormais plus possible d'acheter en grande quantité. Cela évitera aux indélicats d'accaparer des provisions pour les revendre au marché noir. Cela permettra également de contrôler encore davantage les achats et la circulation de biens….

Avec un peu de chance on peut donc en y consacrant beaucoup de temps, d'énergie et de transport trouver de quoi s'alimenter, sans bien sûr prendre en considération les éventuelles envies, la variété alimentaire, voire la traçabilité ou autres allergies…Reste l'épineuse question du poisson, c'est le cas de le dire. Car dans une ile, il paraît évident que l'on mange du poisson mais à Cuba rien n'est facile ni simple et encore moins évident…Il n'y a qu'une poignée de poissonneries officielles dans la ville. Le poisson qu'elles y vendent est comment dire douteux…alors tout le commerce se fait, *a la izquierda*, au marché noir …et je ne parle pas même de la langouste qui est interdite à tout cubain et reservée à l'usage exclusif des restaurants et hotels pour touristes. Cherchez donc l'erreur, la langouste est inaccessible pour celui qui habite Cuba, sauf à contourner la législation. Alors reste à trouver le cubain prêt à braver les interdits et se mettre en grave danger d'emprisonnement pour vendre au *yuma* avide les fruits de la mer.

 Une autre solution consiste à se rendre directement et subrepticement chez le pêcheur, à enrober précautioneusement ses achats dans des serviettes de plage rendues ainsi bien odorantes, pour rapporter incognito de quoi manger. On peut encore préférer la facilité et se laisser alpaguer à l'entrée des marchés par ces vendeurs à la sauvette prêts à vous proposer dans le désordre, crevettes, langoustes, œufs pomme de terre et chicas (des filles enfin moi on me propose plutôt des chicos…). Allez savoir pourquoi les *papas*, les pommes de terre, sont illégales. J'ai entendu toute une série d'explications irrationelles que je tairai par pudeur. Quant aux œufs, il est en général permis de les acheter mais on les trouve dans les *bodegones* auxquels les étrangers n'ont pas accès et mus par leur générosité spontanée et désinteressée certains cubains n'hésitent pas à revendre des plateaux d'œufs au triple de ce qu'ils leur ont coûté. Avec tout cela il n'est pas question de se préoccuper de l'origine, voire de la fraicheur des aliments, qui arrivent souvent déjà expirés, ou décongelés et recongelés maintes fois…. Autant dire qu'il vaut mieux avoir l'estomac accroché avant de décider de manger localement. Evidemment j'imagine bien que le touriste dans son *resort balnéaire* est à des années lumières de la lutte quotidienne pour l'approvisionnement dans cette magnifique ile paradisiaque.

Enfin me direz vous on ne mange pas de viande dans ce merveilleux pays ? Alors là je gardais le meilleur pour la fin, à défaut de la faim….

J'ai essayé un certain nombre d'options, le type qui vend son cochon débité dans le fond de son coffre de voiture ou dans un recoin sombre de son arrière cuisine, celui qui vous entraîne chez le fermier pour tuer la volaille, les magasins d'état où l'on trouve parfois des caisses de cuisses de poulet en batterie et aux hormones dégelées trente fois, ou le marché où, sur un comptoir nettoyé au chiffon humecté à la salive, on vous débite la viande pendue au crochet depuis le matin, protéines de mouches en sus, si j'ose ainsi le formuler.

Autant dire que je n'avais pas trouvé la formule idéale ; jusqu'à ce que Raimundo entre dans ma vie. Certes il n'est ni le seul ni le premier ni le dernier de ces cubains qui sonnent à la porte des étrangers pour leur apporter de quoi se sustenter, ce, au péril de leur vie. Parfois on craque un peu de tant de détours et on accepte d'aider ces pauvres hères à perdre leur liberté en leur achetant des produits tombés du camion ; Ils le font avec la complicité des gardiens d'immeuble, des policiers verreux ou régalés au passage, mais en prenant des risques énormes ; celui d'avoir à payer des amendes exorbitantes, mais surtout celui plus sérieux d'être emprisonné, ou questionné…

Mais Raimundo est d'une autre galaxie, la Rolls Royce du recel et de la vente illicite. Le gentleman colporteur. Dans une vie normale, il serait ingénieur ou négociant international tant son professionalisme et son allure dénotent dans le pays. Il arrive chez vous très élégant, avec sa chemisette bien mise et ses serviettes d'homme d'affaire ; Il les pose sur votre table de cuisine, les ouvre et soudain c'est Noël…

Là, devant vos yeux émerveillés, des sachets bien propres, organisés, étiquettés de côtes de porc, blanc de poulet, côtelettes. Une vraie caverne d'Ali Baba à faire se damner un végétarien…. Un peu cher certes mais personne n'a jamais été malade, ce qui vaut toute publicité ici. Oui cela vient peut-être du même marché ou de la même arrière-cuisine dans laquelle on ne souhaite pas remettre les pieds mais le packaging laisse imaginer une autre provenance…Et puis il a tout compris ce Monsieur. Il arrive à l'heure, on frise le surnaturel. Et surtout, il est organisé. Vous appelez en lui proposant une date. Pas besoin de lui en dire plus, dès le premier achat il vous a enregistré, adresse, goûts, rien ne manque. Raimundo ou l'exception cubaine, celui par lequel l'espoir renait…Rien que pour voir quelque chose qui fonctionne ici je me mettrais à manger de la viande…

Pas trop court je vous prie

Avec la loi de 2008, les salons de bauté, comme les salles de gym, petits cafés, petites échoppes de décoration et autres ont poussé comme des champignons à la Havane. Le reste du pays lui reste égal à ce qu'il a toujours été, des rues désertes de magasins et dont la seule *bodega* officielle tient du stand de campagne des années de guerre, ou en tous cas ce que j'imagine être une boutique des années quarante pillée, vidée, non entretenue.

Les Cubains sont passés du communisme pur et dur à la vénalité la plus basique sans passer par la case sens du service ou minima éducatif. Ils n'ont pas acquis par miracle un sens du commerce qu'ils n'ont jamais eu.

Quand on prend un Rendez-vous chez le coiffeur, on dérange clairement ces dames… Car en général, si les taxis sont masculins, les coiffeurs et salons d'esthétique sont opérés par des femmes. Elles sont occupées à bavasser et se soumettent de très mauvaise grâce à l'insistance de l'éventuel consommateur a fortiori consommatrice, puisque le coté séduction reste sans effet. Ces braves dames peroxydées et aux ongles immenses et très colorés étaient justement en train de raconter qu'elles avaient trouvé des pommes de terre ou autre produit de luxe. Et ces discussions ont quand même un intérêt fondamental que le client devrait respecter. D'où une réponse courroucée, un ton agressif, aussi agressif que celui utilisé par les Cubains qui se trompent de numéro de téléphone et sont irrités de s'en rendre compte. Le Cubain n'admettant jamais s'être trompé puisque le cubain ne se trompe jamais, il n'hésite pas à insulter son  interlocuteur qui ose lui faire remarquer qu'il s'est trompé de numéro de téléphone. S'il est de bonne composition, il se contentera d'accuser l'interlocuteur étranger de ne rien comprendre parce que le pauvre malheureux aura sans vergogne demandé à faire répéter le nom de la personne demandée. Au mieux, ou au pire, c'est selon, il raccrochera sans commentaire et sans autre forme de procès, ni pardonnez moi ni au revoir…

J'ai voulu prendre un rendez-vous chez le coiffeur pour un ami un jour et suis restée interloquée quand la patronne m'a demandé pourquoi je demandais un *turno,* un rendez-vous donc. Quand je lui ai dit, c'est une coiffeuse accessoirement, que c'était pour une coupe de cheveux, et que je ne voyais pas vraiment ce pour quoi je pourrais venir autrement, elle m a répondu vertement qu'elle ne pouvait pas le deviner. La prochaine fois je lui dirai que je viens pour mon compagnon pour une épilation du maillot…. Peut être qu'elle n'aura même pas peur. De toutes façons, que ce soit au téléphone, ou de vive voix, le Cubain incriminera le niveau d'espagnol de l'étranger, quel qu'il soit, plutôt que reconnaitre qu'il n'a pas écouté, pas compris ou qu'il a mal formulé sa question. Parce qu'on est étranger, on a tort il ne faut pas l'oublier. Enfin j'exagère, car cette arrogance est typique de la Havane, dans le reste de l'ile les gens sont plutôt gentils. Et à la réflexion, elle tient à tout habitant de mégalopole, si tant est que la Havane puisse être qualifiée de mégalopole. Bref revenons-en à nos moutons ou plutôt à nos cheveux et nos ongles et à la partie de plaisir qu'est la prise de rendez-vous quelle qu'elle soit, dans une langue étrangère et à la Havane de surcroit. …

Pourtant on ne peut pas dire qu'il n'y ait pas de concurrence. Le marché de la coupe de cheveux et de l'épilation fait rage dans un pays mollement gagné par la dérégulation de certains marchés, dont la beauté et la restauration. Un quartier a même été aménagé en honneur aux coiffeurs avec monument commémoratif à la corporation constitué de ciseaux donnés par une foultitude de bienfaiteurs, la plupart cubains exilés chez l'oncle Sam. Malgré l'existence de cette rue des barbiers, de cette quasi-guilde, la compagnie des cisailleuses n'a pas appris à sourire ou, à défaut, accueillir aimablement.

Après moult dénégations, soupirs, pages tournées, annotées, ressoupirs…, la charmante maitresse des lieux me fait clairement comprendre que cet horaire m'est accordé à titre exceptionnel et qu'il est hors de question d'arriver avec plus de deux secondes de retard. Une fois cet aléa géré avec cet étranger

inconvenant, notre coiffeuse revient d'un air furieux à ses occupations essentielles, discussion animée avec ses copines tout en jetant de noirs regards et hochant le chef d'un air entendu.

On arrive donc deux jours plus tard au moment si difficilement fixé, la boule au ventre, il pourrait arriver que l'on se fasse refouler. Là on apprend que la cousine de la voisine de la coiffeuse passait par là et a malheureusement décidé de se faire peindre les mèches à ce moment précis. Bien sûr il va falloir attendre un petit peu...On s'y soumet de la meilleure grâce possible épouvanté de devoir recommencer le processus de prise de Rendez-vous. Evidemment, on risque d'arriver en retard à la réunion pour laquelle on est sensé avoir bonne allure, mais le courroux du chef sera toujours moindre à braver que celui de notre blonde peroxydée. Alors maintenant qu'on est ici, autant attendre. Cela peut prendre un moment, un long moment.

Les tourments ne s'arrêtent malheureusement pas au moment où enfin notre charmante s'avance vers nous le peigne entre les dents, telle une jivaro prête à vous réduire la tête, en agitant la camisole plus ou moins douteuse dans laquelle elle va vous forcer à épargner vos vêtements ; Celle-ci permettra certes d'éviter les petits cheveux mais laissera une joyeuse odeur de frites froides et de cigare encore plus refroidi sur le chemisier. Avec ou sans blouse de coiffeur, la douche et la lessive s'imposeront. Bref, on s'assied enfin dans le siège pour subir le ballet des ciseaux, le nez plongé dans une revue de l'année précédente et répugnante à force d'être feuilletée. Et on explique avec des gestes ce que l'on souhaite, une petite coupe classique sans histoire....

Mais, Il peut arriver que la coiffeuse ait envie de se faire plaisir et s'en tienne à son désir malgré l'opposition du client face au processus et au résultat. Je me suis fait vertement rembarrer une fois où j'avais manifestement été ratée et quasi rasée parce que je n'y connaissais rien et que cela se faisait comme ça... Car il m'est arrivé chez le coiffeur d'oser contredire la maitresse des ciseaux, ce qui révèle de ma part un sens du risque assez inquiétant je l'avoue, on ne sait jamais ce qu'une femme armée d'une paire de ciseaux peut faire en cas de contradiction... Je me suis permis de trouver qu'elle y allait un peu fort dans ma chevelure déjà bien courte. Elle m'a alors opposé un catégorique « ça te va mieux comme ça » qui n'admettait pas vraiment de réplique. Lorsqu'à la fin de la scéance, elle a vu ma tête déconfite, elle m'a dit que de toute façon, c'était ce qui lui plaisait à elle. Vu les tatouages et piercing, j'aurais dû me méfier...

Dans le même salon de beauté, on peut néanmoins apprécier les scéances vernissages des orteils, les pieds levés en l'air pour faciliter le travail de l'onglière, tant pis pour le dos de la patiente, car à ce niveau on n'est plus client mais patiente ou impatiente. Ainsi pour que les tenancières soient bien installées, les clientes sont priées de s'assoir à l'équerre, les jambes en l'air. Pourtant, beaucoup est fait pour le confort des happy fews puisque sont servis pendant les scéance café ou rhum ce dès les premières heures de la matinée…enfin pas pour moi car visiblement je fais tâche au milieu des autochtones. Il faut dire que je ne participe pas beaucoup aux causeries et que je ne lève pas la jambe assez haut.

Ce qui me fascine, c'est que les clientes de ce salon de beauté et de tant d'autres sont cubaines. Elles sont d'ailleurs vêtues à la mode du cru, assez unique en son genre et difficilement exportable en nos contrées. Les dadames de la bonne bourgeoisie de nos villes de France ont beau me dire que les Françaises ne sont plus élégantes, elles peuvent néanmoins passer pour modèle dans un pays comme celui-ci. Le must, est d'arborer les couleurs les plus voyantes qui puissent exister non pas à l'indienne en harmonie chromatique mais en tranchant violemment, par exemple un haut turquoise et un bas fushia. Et puis plus on est volumineux plus il faut que ça colle et en la matière la Cubaine est généreuse. Le lycra est une invention faite pour ici de toute évidence. Du coup, le tee-shirt trop petit et le caleçon collant-moulant sont le parangon de l'élégance dans ce contexte. Je me souviens avoir donné un tee-shirt trop petit pour moi à une infirmière aux formes nettement plus généreuses que les miennes pour son fils et l'avoir retrouvé masquant son poitrail qui à vue de nez devaient à peine rentrer dans du 120. Au moins cela mettait ses avantages à l'avantage…ça craque de partout et ça permet de mettre en évidence les parties supérieures et postérieures de l'anatomie….

Pourtant, plus on monte dans la hiérarchie financière, attention je ne parle pas de goût ou de distinction, plus on va avoir de cheveux décolorés. C'est rigolo d'ailleurs toutes les femmes sont blondes à Cuba. Le jeu est de paraître un minimum métis et donc de blanchir la peau et blondir et lisser les cheveux au maximum. La Cubaine exhibe donc une blondeur quasi-platine avec diverses gradations de racines. Elle est moulée et plus elle a d'argent plus elle porte de bijoux et bibloteries…La vraie grande classe…

Je passe ici sous silence la Cubaine qui veut passer pour autre chose et se déguise en étrangère, soit parce qu'elle a déjà réussi à passer la bague au doigt d'un étranger, soit parce qu'elle soigne ses origines européennes ou sa sortie du territoire…Cela la conduit à se blanchir encore plus le teint ou s'abriter au maximum du soleil et à se faire moins remarquer que ses congénères. Par exemple, elle évite de hurler et peut le cas échéant affecter un accent étranger, se maquille mais un peu plus discrètement, évite les ongles griffes de couleurs fluorescentes, porte des vêtements de sa taille et pas de trois tailles en dessous, met des talons de hauteur normale et ne sort pas sa poitrine de par en dessous. En général, elle ne fréquente que les lieux réservés aux expatriés et évite ses compatriotes qu'elle méprise et dont elle est jalousée…

Tout ce soin à s'habiller, se mistifriser, s'équiper coûte cher très cher et pose question…Dans un pays ou le salaire moyen est de quinze à vingt dollars par mois comment ces petites dames peuvent-elles venir se faire faire couper les cheveux pour cinq euros, coiffer pour deux et peindre les ongles pour quatre, ce une fois par semaine. Cela représente une part non négligeable du budget d'une famille. Il est vrai qu'à regarder avec honnêteté, les clientes n'ont pas la même allure que les petites dames usées du marché. Ici la population est plutôt jeune et très sexy, armée de téléphones derniers cris dont ces dames usent et abusent avec ostentation pendant que la pauvre petite employée à leur polir les pieds essaye de mener à bien sa tâche…d'ailleurs je me demande comment elles arrivent à avoir du réseau dans un pays où la seule possibilité pour avoir du wifi est officiellement d'aller dans les hôtels internationaux et les parcs publics équipés et surveillés…

Certes il y a aussi la possibilité de se poser dans les quartiers d'expatriés pour utiliser la connection de ces crétins d'étrangers qui bien sur ne se rendent compte de rien, nantis comme ils le sont. Ce qui explique pourquoi nous payons si atrocement cher le téléphone et l'abonnement internet. C'est que nous entretenons tout le quartier, ce plaisir de partager... aussi je limite les coups de fil et quand je reviens en France les gens sont tout étonnés que je me fasse rappeler ou que je me montre très expéditive au téléhone. Bref, il doit y avoir du wifi chez le coiffeur c'est la seule explication bien qu'elle me paraisse peu plausible. Quoiqu'il en soit, l'ambiance est bizarre dans ce salon ou les clientes passent leur temps à tapoter sur leur écran et à s'esclaffer, ma foi relativement vulgairement, face aux rapeuses et nettoyeuses de pied, en rang qui se parlent entre elles en laissant leurs mains s'occuper des pieds qui leurs font face...Je ne veux pas imaginer ce que cela donne au niveau de l'épilation du maillot ou du reste...

Une expérience comme celle-là me rendrait putôt adepte des ongles au naturel et de la queue de cheval en fait...

Les francais sont florivores, naissance d'une légende urbaine

J'ai toujours ce probléme de voiture : La Havane est une ville étendue et surtout on ne peut pas imaginer faire ses courses en un seul lieu...

Sans voiture et avec des transports publics incertains c'est toujours un peu...tricky comme le disent nos amis anglo-saxons...Je tourne pas mal sur ma bicyclette mais parfois il faut pousser plus loin...je suis souvent ravie et reconnaissante de trouver des gens suceptibles de m'emmener en virée. Le mauvais côté de l'histoire est qu'il faut s'adapter au rythme du gentil conducteur, si c'est une shoppeuse née, je sais que ma matinée est foutue, si c'est une TGV du marché, je n'aurai pas le temps de flâner...

Certains chauffeurs permettent des découvertes, et ouvrent la voie à des nouveautés utiles voire révolutionnaires, la majorité ne sortent pas trop des sentiers battus. Et surtout pas les américains qui ont tellement peur de se faire du mal qu'ils préfèrent payer dix fois plus cher des produits vendus dans une surface à l'occidentale alors qu'ils trouveraient tellement mieux et moins chers en tournant un peu...

Bref ce matin je suis partie avec mes adorables voisins mexico-américains ou plutôt americano-mexicains dans leurs goûts et coutumes. Sur le chemin de la grande surface que je n'aime pas trop, parce qu'elle offre peu de produits et qu'ils sont hors de prix, je les fais s'arrêter dans un champ que je connais en plein Playa, c'est à dire dans les limites mêmes de la ville de la Havane. On y trouve de la salade et des produits insensés, genre roquette, origan, uniquemment des herbes diverses et en tous cas jamais les mêmes. Comme toujours à Cuba on prend ce que l'on trouve….

En l'occurrence, aujourd'hui il y avait quelque chose d'extraordinaire…des fleurs de courgette, quel bonheur, de l'origan, des giroflées, des tournesols. J'ai visiblement fasciné les Cubains par mes achats ainsi que mes deux voisins qui passaient leur temps à s'extasier. Lui, francophile convaincu expliquant à sa femme que les Français étaient ainsi, de grands originaux qui ne font leurs courses qu'à la ferme… C'est bien connu dans chaque Parisien sommeille un paysan, voire une vache tant nous aimons nous rouler dans l'herbe… Notre réputation d'originaux nous colle vraiment à la peau…

L'expérience a semblé les amuser énormément. Visiblement c'était la première fois qu'ils voyaient des aliments naturels, je veux dire hors d'un conditionnement stérile. Ils sont repartis avec des branches et des feuilles qui finiront dans leur poubelle. De mon côté, je leur ai rapporté des beignets de courgettes et des blettes au gratin dont je doute qu'ils les apprécient…mais c'est toujours amusant de se découvrir exotique dans les yeux de l'autre….Et moi cela a commencé à m'amuser encore plus quand après m'avoir demandé comment je mangeais la ciboulette, les fleurs de courgette on m'a demandé si je mangeais aussi les tournesols…je n'ai pu m'empêcher de répondre que les francais etaient des chèvres et se mettaient à brouter dès qu'ils se trouvaient dans des champs… Notre réputation est faite…

Sous les ordures, la plage

A la Havane, Les ordures s'accumulent et contribuent à empuantir l'atmosphère déjà viciée par les gaz d'échappements. Les Cubains s'égosillent et s'apostrophent à plein poumon et dieu sait que la cage thoracique de ces dames est développée…

On continue à courir partout pour palier les différentes pénuries, papier hygiénique, farine, beurre, œufs. Oui des produits superflus …. ….. Alors il est temps de prendre le large et de partir profiter de la vraie richesse de Cuba…la plage, car quoi de mieux que les palmiers, le sable blanc et la mer turquoise ?

Vamos a la playa c'est le credo de toutes les agences de voyage et les photos des dépliants. C'est vrai que ces étendues de sable blanc et de mer turquoise ont de quoi faire rêver…Enfin quand elles sont désertes, car dès lors que les touristes débarquent, ils sont parqués au plus loin des locaux et au plus près de la belle bleue, dans des constructions de béton qui enlaidissent les alentours. L'atmosphère se charge d'odeurs de graisse et d'égouts mal maitrisés et est saturée des bruits de basse et de reggaeton imposés par les hôtels.

Mais le pire ce sont quand meme les plages fréquentées par les locaux, car il y a dans ce cas déferlement d'ordures et de bruit. Il faut bien garder présent à l'esprit que les Cubains ne sont absolument pas éduqués à l'environnement et que leur découverte de la consommation va de pair avec un gâchis et un individualisme désordonnés. Si l'on est en train de fumer, il est normal non seulement de laisser la cendre et le mégot trainer mais aussi de jeter le paquet vide là où l'on se trouve. Si l'on mange, on laisse les détritus là où on est et on va laver la vaisselle dans la mer. Si l'on boit, on lance les cannettes et bouteilles vides par la fenêtre ou on les laisse trainer…Du coup, l'on ne peut ignorer la présence des locaux dans un lieu quel qu'il soit. Si la plage est propre c'est qu'elle dépend d'un hôtel et qu'un tracteur est passé nettoyer en gros ou que quelqu'un a pris le soin d'enterrer les détritus. Si des des ordures en tas ou éparpillées jonchent le sable c'est qu'un groupe de cubains est allé profiter du soleil. Et le samedi soir étant un moment privilégié pour aller se bourrer la gueule au frais, les dimanches matin à la plage s'apparentent étrangement à des pélerinages dans des décharges… Le summum est atteint dans la mer bleue belle et transparente… et salie par les plastiques, les décombres divers et variés.

On en vient à se féliciter que les Cubains n'aient pas accès aux préservatifs sans quoi on risquerait une grossesse à chaque bain de mer…Toutes sortes de détritus plus ou moins râgoutants se ramassent entre les coquillages. Hormis les emballages graisseux, les pneus qui feraient meilleur effet dans les coffres des voitures, systématiquement vidés, les chaussures dépareillées, les papiers et autres horreurs, il arrive également de rencontrer des poulets étêtés, ou des fruits offerts à Yemaya la divinité marine.

Cette saleté qui donne envie de pleurer et fait presque oublier la beauté de la mer et la finesse du sable est doublée sur le coup de midi par l'arrivée de hordes de havanais en quête de soleil, d'espace et d'air. Ceux-ci ne sortent pas sans leur musique. Et qui dit musique cubaine implique un tintamarre ahurissant, une cacophonie de raeggetones lancés à plein volume. Si bien que parti pour une baignade revigorante, on repart les oreilles vrillées, le nez tordu par les odeurs de *frijoles* et les yeux épouvantés par les cadavres de poulet, et les monceaux d'ordures.

Si vraiment on craque, il ne reste qu'à s'éloigner de la capitale pour rejoindre les plages privées des hôtels, hérésie pour tout bon Français attaché à la notion des bords de mer publics, ou les côtes plus lointaines et moins fréquentées. On peut aussi se rendre sur les plages des hôtels internationaux, mais il faut dans ce cas être un grand amateur de vendeurs de coco, de parasols, de coquilllages, de chips de chapeaux de paille, et …et surtout apprécier les activités de groupe et le bruit qui en découle. Sur fond du toujours présent et lancinant raeggeton ou des mêmes airs de salsa repassés à l'envie, les touristes tout blancs remuent leur graisse en suivant les injonctions d'instructeurs musculeux et bronzés. Les palmiers laissent peu à peu la place à de véritables paquebots de béton. Aux premiers hôtels aux allures de petits pavillons carribéens plutôt mignonets, ont succédés les barres de logements sociaux visant à loger des milliers de touristes asoiffés de soleil et de mojitos bon marché.

Oh il ne faut pas bouder son plaisir, il reste encore quelques, de plus en plus rares, ilots et plages sauvages ou pratiquement. Malheureusement, il faut lutter pour les atteindre, ne pas craindre les moustiques car même si officiellement il n'y a pas de Zyka ou de dengue à Cuba, les hospitalisations attestent d'une autre réalité. Il faut aussi accepter de se perdre, de suivre des routes qui n'ont de routes que le nom. Des pistes trouées de nids de poule, qui font penser à des voies jonchées d'obus dans un pays en guerre et doubler des véhicules aux émanations asphyxiantes. Quand, au bout de kilomètres éreintants de voyage derrière des véhicules antédiluviens et emplis de carburants à l'origine de nuages noirs et collants, à éviter les bosses et les trous, on arrive enfin à la plage indiquée sur la carte, quelle n'est pas la déception de tomber sur un marécage répugnant, ou une plage certes vierge mais couverte des detritus rejetés par la mer, ou une falaise rocheuse ou encore un camping ou une zone militaire et donc interdite d'accès…

Le client a toujours tort

S'il est un adage qui perdure, c'est bien celui-ci, le client a toujours tort et on pourrait ajouter, en toute circonstance…

Cuba reste on le sait bien l'un des derniers bastions du communisme. Et n'en déplaise à ceux qui aiment l'image d'Epinal des Cubains gentilles victimes, la réalité est bien autre. Le consommateur n'étant qu'un horrible suppot du capitalisme, il en va de la sauvegarde nationale que de le maltraiter. Et les locaux s'y entendent et alternent les sévices les plus cruels pour chasser du corps des malheureux aspirants acheteurs toute vélléité à l'acquisition.

La première torture consiste bien évidemment en l'attente. Au moyen de queues interminables voire incongrues, de pauses encore plus incongrues et interminables, le vendeur ou supposé tel, dispose d'un arsenal sans précédent pour détourner l'acheteur putatif d'accomplir son horrible forfaiture anticommuniste. Car le consommateur est pratiquement traité comme un traitre à la nation. Dans nos pays libéraux, les magasins ressemblent à des temples de la consommation, les boutiques cubaines, s'apparentent-elles davantage à des jaules, dont la grille est entrebaillée épisodiquement, parcimonieusement et aléatoirement…

Il faut tout d'abord endurer une longue attente, en générale sous le soleil cuisant de la mi-journée puisque les magasins ne sont ouverts qu'entre dix et dix-sept heures, avec une pause erratique mais qui peut s'éterniser pour la *merienda* (gouter) du matin et celle de l'après midi et bien sûr une encore plus longue pour le repas de midi. Dans l'hypothèse, rare, où l'ensemble des vendeurs n'aurait pas disparu, happé par des nécessités d'ordre personnel, comme l'absorption ou le rejet de nourriture ou de boisson, l'appel téléphonique à toute la famille, l'achat de l'approvisionnement, une visite chez le médecin ou autre obligation, il peut arriver qu'un vendeur fasse acte de présence. Mais ses doigts collants et son grand sandwich dégoulinant de charcutaille marbrée suffisent en général à dégoutter le consomateur le plus avide. Si celui-ci s'obstine pourtant, la mine peu amène et le machouillement distingué ont raison de sa crise malencontreuse de fièvre acheteuse.

Car, où que ce soit, et à quelque heure que ce soit, le client n'est pas bienvenu il faut bien l'entendre dans ce royaume où l'on ne gagne rien certes mais le même rien pour travailler ou ne rien faire. Le choix est donc assez simple pour le vendeur, ou ne rien gagner en papotant avec un aréopage de commères aussi peu payées et aussi prêtes à ne rien faire ou travailler pour ne rien gagner et se mettre au ban de la société…

Et puis il y a fort à faire dans une journée de travail inefficace, vérifier l'état de ses ongles, voire les retoucher, se triturer les nasaux, renifler avec distinction et sans retenue, échanger des nouvelles de voisins détestés, de la belle mère qui vit malheureusement avec vous, du grand père invalide et qui vit aussi avec vous, des cousins avec lesquels on cohabite aussi hélas trois fois hélas, s'appitoyer sur les malades connus ou putatifs, bramer au téléphone, s'informer des produits indisponibles, le plus souvent, ou disponibles, plus rarement. En ce cas, l'information enclanche un départ précipité pour cause d'achalandage impromptu dans une autre boutique, pour cause de décès de la cousine de la voisine ou pour raison médicale et ce, pour une durée indéterminée.

Il arrive aussi que le caissier dorme tout simplement. Quel que soit le cas de figure et quelle que soit la taille de la queue, le client arrivé au terme de son interminable attente est donc certain d'un seul fait, non pas qu'il trouvera quelque chose d'intéressant à acheter mais qu'il dérangera la vendeuse, éventuellement mais plus rarement de sexe masculin, et l'empêchera de vaquer à des occupations beaucoup plus essentielles. Le refus de vente est ici érigé comme l'arme fatal du vendeur, véritable profession de foi annoncée par un masque où se disputent le mépris et l'ennui.

Et s'il est une règle tacite c'est bien de ne pas se plaindre de l'inefficacité de celui ou celle qui tient le comptoir non pour vendre mais pour opposer une farouche resistance à l'acte combien antirévolutionnaire de consommer. Car le fait d'acheter est à Cuba considéré comme une sorte de villénie. Il faut se tenir à carreau sous peine de sévices encore pires que celui de la queue et surtout, sous aucun prétexte, il ne faut mécontenter le vendeur, aussi incompétent et désagréable soit il. Pourquoi en effet acheter quand il n'y a rien ou pratiquement, quand tout coûte trop cher pour les pauvres autochtones réduits à grapiller des miettes de leur *libretta*, pourquoi acheter quand on peut se servir, emprunter, dérober. Qui aurait l'idée saugrenue de dépenser ses maigres deniers pour acquérir une bouteille de shampoing ou de détergent à demi vidée et compensée par de l'eau qui fait mousser l'ensemble, alors qu'il suffit de se servir, de demander à la tenancière du magasin de lui réserver un peu, de troquer le mauvais savon donné par l'employeur contre des œufs qui seront échangés contre un savon correct…

Pour justifier auprès d'éventuels râleurs son droit au refus de vente ou tout simplement son manque d'amabilité, le cubain ne recule devant aucune mauvaise excuse, la mauvaise foi toujours chevillée au corps. Un directeur d'hôtel cubain préferera mettre dehors ses clients plutôt que reconnaître que la femme de ménage, assignée à leur chambre et sensée la nettoyer ne profite de l'occcasion que pour inspecter les possessions du client en question et l'alléger un peu de ce qui l'encombre. Comme si lui enlever quelques possessions matérielles le rendait moins redevable face à la société cubaine frustrée de tout et prête à prendre sa revanche sur tous. Il devrait être content le touriste que ce Robin des Bois de l'hotellerie ôte du poids de ses bagages pour rendre service à sa communauté personnelle ! C'est que pour le Cubain il n'y a pas de raison de faire plus confiance au touriste qui paye grassement sa chambre souvent vétuste ou sale, le plus souvent mal entretenue et humide, qu'à la personne responsable (c'est un grand mot) de son entretien ou de son non-entretien…… C'est un grand mot car pour ce qui est de l'entretien il se limite à l'inspection… Si en plus la femme de ménage est membre du parti, il est inutile de la part du client de vitupérer puisque par définition, il a tort et dans ce cas a encore plus tort d'avoir tort.

Ainsi, en va-t-il de celui qui travaille avec une entreprise locale. Les règles changent tout le temps à la convenance de l'entreprise locale et si le client étranger ose y trouver à redire, c'est qu'il n'a rien compris. Car non seulement le client a tort, mais l'étranger a encore plus tort, et il est dénué de sens commun. Le local n'hésitera aucunement à forger des règles toujours renouvellées, réinterpretées pour ne pas être pris à défaut et pouvoir accuser l'autre des pires maux. Car en disant à l'autre qu'il n'a rien compris, le Cubain est quasi sûr de remporter le morceau, ayant ainsi sonné son adversaire du poids de sa bêtise, une sorte de point Godwin dans les discusssions entre Cubain et étranger. Alors bien sûr si l'autre n'est pas étranger ou suffisament à l'aise en espagnol, il y a un autre recours indéboulonnable qui est le manque de respect ; La *falta de respeto* est à Cuba ce que le mensonge représente dans les sociétés arabes. La brandir c'est menacer l'autre d'exclusion et couper court à toute discussion.

Armé de cet arsenal on comprend mieux que le Cubain puisse survivre dans ce monde de perdition du grand capitalisme sans rien faire ou un minimum et ce, de très mauvaise grâce.

Cependant, si les Cubains excellent en une chose, il faut leur reconnaitre, c'est se moquer d'eux-mêmes. D'ailleurs, un comique racontait que le premier traumatisme infantil intervenait lors de la première sortie traditionnelle dans les familles chez Coppelia. Coppelia, le célèbre glacier cubain.

Connu mais pas pour autant bon, ce dernier se targue de pouvoir regaler trois-mille consommateurs en même temps dans sa cafétaria de la Havane, sur la Rampa. Ceci explique les heures de queue interminables, avec comme récompense lorsque qu'une place enfin se libère de ne plus savoir quoi demander, de ne plus oser demander quoi que ce soit face au visage fermé et malaimable de la serveuse et surtout de ne plus avoir le choix du parfum puisque malgré les différentes saveurs proposées, une seule est mise en vente chaque jour.... Et l'humoriste de conclure combien, terrorisé, exédé, épuisé, l'enfant qui a attendu sa glace avec excitation pendant une journée, un mois, une année finit par demander piteusement un verre d'eau tiédasse.

S'il est bien une leçon à retenir de cette anecdote tragicomique c'est que les Cubains abrités par l'excuse aussi pratique que fallacieuse du blocus américain s'opposent au contentement des autres quels qu'ils soient et à force de frustrations, de mépris finissent par avoir raison de la simple envie de se faire plaisir...pour se consoler d'être ce qu'ils sont et de vivre ou ils vivent....

Les Dangers de la serpillère

Aujourd'hui, j'ai failli mourir.

On m'avait vanté la présence de pommes dans un magasin et j'ai voulu aller vérifier. J'ai donc enfourché mon vaillant destrier (à savoir, mon vélo vietnamien). J'ai un peu erré en route parce qu'il y avait des gens devant le Carlo Marre. En fait, le théatre s'appelle Karl Marx mais les Cubains prononcent Carlo Mar et comme c'est le théatre où sont programmés les spectacles comiques, cela me parait suffisament grotesque pour le rebaptiser Carlo Marre.

Quand je vois une queue, je suis cubanisée, je descends de selle et vais voir de quoi il s'agit, je pourrais tomber sur quelque chose d'inoubliable… Visiblement, il devait y avoir un spectacle comique. Il y a peu de chance qu'on comprenne quoi que ce soit à l'humour local, qu'il soit de situation ou de mots. A la rigueur le comique de geste ou de répétition mais en l'occurrence, ça avait l'air d'humoristes, donc j'étais prête à passer mon chemin. Et puis j'ai vu que se produisait un musicien qui sur l'affiche était affublé d'un costume noir brillant trop court et trop serré laissant voir ses chaussettes blanches la semaine d'après. J'ai pris deux places, au pire s'il chante mal, on rigolera et au pire du pire, on se lèvera au bout de dix minutes… Au prix de la place en pesos cubains, on survivra.

J'ai repris mon chemin, et j'ai dû m'arrêter parce que je suis tombée nez à nez avec D... qui m'a demandé ce que je devenais. A vrai dire pas grand chose mais comme elle avait l'air extatique de ses vacances au bord de la piscine du Melia je n'ai pas voulu casser l'ambiance.

Devant la *Puntilla*, le magasin de toutes les attentes déçues, j'ai amarré mon véhicule à une grille. Le *parqueador* me tournant le dos je me suis bien gardée d'aller lui faire la causette.

Dans la galerie, pas d'électricité, les escalators étaient en panne. Comme d'habitude. Je me suis monté les deux étages à pied pour aller voir les ventilateurs puisque nous n'avons pas d'air conditionné depuis le début de l'été. Il est en panne et la maintenance de l'immeuble a trop chaud pour venir nous secourir malgré mes cris et mes appels répétés. De toutes façons, c'est moins grave maintenant c'est bientôt l'hiver, on va redescendre doucement à des températures moins suffocantes. C'est haut mais ça vaut bien une scéance de stepping. Soit dit en passant, je ne comprendrai jamais les gens qui prennent leur voiture pour aller faire du stepping ou de la marche sur tapis en salle....

J'ai trouvé un modèle de ventilateur mais en 110V. Le 220V n'existe pas m'a-t-on répondu. Introuvable sur l'ile, va-t-on savoir pourquoi notre appartement est en 220V s'il est le seul du pays.
  Un peu plus loin, des magasiniers fatigués ouvraient mollement des cartons de sapins de Noël. Normal, on est en Octobre. Il y avait même des guirlandes. Les boules vont arriver en février... je me suis dit que c'était quand même un peu tôt pour décorer la maison alors qu'on dégouline de chaleur, tout en pensant que si je ne l'achetais pas maintenant ce sapin je ne le trouverais pas après. Mais, je ne me voyais pas le trimballer sur le vélo de toutes façons. Et puis les guirlandes me rappelaient vaguement les décorations qu'on trouvait dans les années 1980 et je me suis dit que tout le monde se moquerait de mes trouvailles vintages à la maison... J'étais tenaillée entre l'achat quasi compulsif et l'attente d'un approvisionnement meilleur plus qu'aléatoire ici. Noël approche et visiblement se fête aujourd'hui. Ne cherchez plus, tous les stocks de vieilles guirlandes et vieilles boules ringardes des années 80 sont ici !

J'ai fini par le magasin de nourriture où j'ai arpenté les allées regorgeant de denrées alimentaires : outre la mayonnaise et les crakers, la sauce tomate et l'huile marquée comestible (véridique, je n'ai jamais vu ça en France) il y avait du thon et même des pois chiches. Jour de bombance et d'abondance clairement.... Les congélateurs étaient en panne, c'est dommage car il y avait visiblement un arrivage de viande fraîche. Elle aura le temps de décongeler avant d'être remise dans les freezers...

Au détour d'une allée j'ai pris un coup et en relevant la tête pour voir d'où il venait j'ai vu une des nettoyeuses agiter une serpillère répugnante au bout d'un balai. Estomaquée (et un tantinet degoutée) je lui ai demandé ce qu'elle faisait, et elle m'a répondu (sans s'excuser, ça doit être incongru qu'elle aérait sa serpillère. Je me suis demandé si on pouvait classer cet incident traumatisant en accident du travail dans la mesure où mon travail se réduit au ménage et aux courses, ce ne serait que justice.

Sur ces entrefaites le téléphone a sonné et j'ai dû fouiller fébrilement ma pochette pour répondre avant que l'interlocuteur ne se lasse. Puis je suis passée à la caisse payer, ai tendu mon ticket pour que le gardien, posté devant la caisse et donc suceptible de me voir payer, vérifie que j'ai payé ce qui se trouve dans mon sac, petit cérémonial qui ne lasse de m'exaspérer, et suis sortie chargée vers mon vélo. C'est alors que je me suis rendu compte que j'avais perdu les clés. Après avoir failli mourir physiquement, j'ai donc frôlé 'infarctus, puis la crise d'hystérie quand il a fallu retourner sur mes pas pour fouiller de fond en comble le centre commercial et trouver la clé manquante.

Quand je suis ressortie, exangue et furieuse, le *parqueador* qui ne m'avait toujours pas regardée, pas plus qu'il ne m'avait proposé de l'aide ni pour porter mon baluchon, ni quand il m'a vu agiter le cadenas dans toutes les directions en vain, est venu me demander de le payer. J'ai dû me retenir pour ne pas créer un incident du travail sur agent de l'Etat cette fois. Pas à dire, la vie à Cuba peut s'avérer dangereuse.

Jean-Baptiste, une passion cubaine

Curieux comme la Havane est un lieu qui suscite la controverse ou pour le moins l'interrogation dans ses murs mêmes.

Les archéologues, eux-mêmes, se disputent le lieu de sa fondation, les uns prétendent que tout a commencé de l'autre côté de la Baie, dans l'actuel faubourg industriel de Regla. Le chef local Habaguanex y aurait fait don de son nom et de son campement aux conquérants venus d'Espagne et arrivés progressivement en cette zone orientale de l'Ile.

D'autres prétendent que la ville aurait été fondée sur les rochers de la *Chorrera,* a l'autre extrémité du Malecon, face à la mer.

Enfin, les plus pragmatiques défendent le site de la Place d'Armes où s'élèvent les bâtiments les plus anciens. Les guides eux ont tranché, il est plus facile de commencer un tour de ville en face de l'arrivée des paquebots, plus facile de montrer des monuments que de demander aux touristes avides de photographies d'imaginer un campement à la place d'un tas d'ordures.

Si l'on suit le livre ou le Ciceron de service, on retombe rapidement en pleine ambiguité car le lieu supposé de la fondation se trouve à l'emplacement d'un tout petit édifice néoclassique, et du fromager, arbre sacré, replanté en maintes occasions qui orne le jardinet et non à l'emplacement de la forteresse royale, le plus ancien bâtiment de la cité. Alors par où commencer ?

Les Autorités, toujours pleines d'idées, viennent de construire un portique tout neuf mais à l'ancienne sur cette jolie place, histoire de bien souligner que tout a commencé ici. C'est une magnifique place quadrangulaire, typique des Grand Places des villes du nouveau Monde. En part un damier géométrique de ruelles. Selon le code d'urbanisme indien, les rues qui se coupent à angle droit sont étroites pour protéger du soleil brûlant des Tropiques. On arrête ici la description standard, parce qu'il ne faut pas oublier qu'à la Havane c'est comme partout, mais différent, en mieux forcément. C'est donc la place d'Armes qui constitue le cœur palpitant de la ville. Mais, contrairement à toutes les fondations coloniales, il ne s'agit pas de la plaza Mayor car il n'y a pas de Plaza Mayor. Décidemment, il sera dit que la Havane d'emblée s'est voulu un destin, un dessein et un dessin particuliers. Cette originalité urbanistique d'une ville polycentrique articulée autour de cinq places anciennes ne retire rien au fait que la Place d'Armes soit considéréee comme l'épicentre de la ville historique et soit une ravissante place au charme surrané. Avec son jardin entouré de belles constructions anciennes.

Ce qui assure sa spécificité, outre l'existence donc de quatre autres places, c'est qu'elle ne concentre pas l'ensemble des pouvoirs comme les agoras, fora et autres grand-places d'une autre ère. Vous pourrez chercher, aucune trace d'une quelconque activité commerciale en ces lieux. Seule la fonction administrative est présente ici.

Le pouvoir est représenté à toutes les époques de la colonie, dès les origines dans la forteresse royale, puis dans les Palais gouvernementaux du XVIIIeme siècle, et enfin dans l'édifice plus moderne construit pour héberger la première ambassade des Etats-Unis et aujourd'hui occupé, c'est un signe, par le musée d'histoire naturelle….

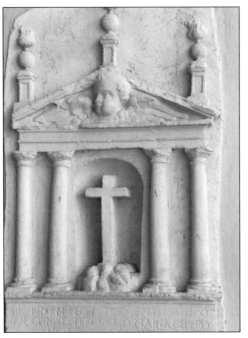

Pourtant, si l'on fouille un peu, ce pourquoi il faut quand même s'échapper du groupe de visiteurs, on comprend par bribes que cette place d'Armes a aussi été conçue comme un lieu religieux et pas seulement comme centre du pouvoir politique de la toute nouvelle colonie. En effet, on retrouve dans la belle pierre conchifère locale, outre des fossiles qui attestent de l'utilisation des coraux dans la construction, des croix qui, elles, témoignent de la vocation religieuse primordiale de la place.

Evidemment, cela alourdirait le récit officiel que d'inclure ces petits détails qui permettraient pourtant de comprendre mieux l'histoire de la ville. Le côté amusant de cette disparition du sacré sur la place principale c'est qu'il est loin d'être récent. Car il a commencé il y a plus de deux siècles avec deux 'evênements concomittents, la dégradation de la vieille église finalement emportée par le souffle d'une explosion dans le port et l'expulsion des Jesuites. Déjà anti religieux nos Cubains ? Pas tout à fait, officieusement en tous cas, La religion n'a pas été gommée totalement, pas cette fois, mais s'est trouvée déplacée plus loin sur la place de la Cathédrale laissant à la place d'Armes ses seules fonctions politiques et militaires. Un grand Champ de Mars a été aménagé et on a construit de beaux Palais pour le Gouverneur et le Segundo Cabo, Capitaine en second chargé de faire régner l'ordre sur ces territoires lointains…

Devant ces deux bâtiments de belles proportions et sobrement ornés en leurs portails, les guides locaux s'extasient devant le baroque cubain, l'un des plus beaux du monde. J'ajoute méchamment qu'ils n'ont pas dû voir d'images du Mexique voisin. Je ne parle même pas de voyage pour découvrir le ruissellement d'angelots dorés, le déferlement d'ornementation qu'offre le baroque colonialsur le continent hispano-américain. Oser qualifier le Palais des Capitaines Généraux, fort belle bâtisse au demeurant, d'exemple sublime du baroque équivaut pour moi à comparer une petite chapelle

de montagne avec Notre-Dame de Paris. La façade du plus bel édifice de l'ile, comme les dimensions de la cathédrale attestent juste de l'absence de mines et donc de richesses dont les cupides colons étaient si friands. Elle montre aussi combien importait peu cette colonie si peu peuplée. Il ne devait pas y avoir grand monde à impressionner et à évangéliser au contraire du continent sud-américain où les temples dégoulinant d'or n'avaient vocation qu'à exalter la richesse de l'église pour mieux écraser les peuples indigènes paiens.

A la Havane néanmoins, une identité métisse s'est rapidement forgée dans la population comme dans l'iconographie. Avec humour, les artistes locaux ont créé une imagerie originale et tropicale faite d'ananas en guise de cornes d'abondance et de carquois en place de métopes…

Rien à dire, j'adore la présentation faite par les guides de la ville. Le summum est atteint avec le *templete*, ce tout petit temple, qui introduisit le néo-classicisme en ces terres tellement baroques. Construit à l'emplacement supposé, par certains on l'aura compris, de la fondation de la ville, il commémore la première réunion de colons ainsi que, la première messe. Le triple évenement est immortalisé par trois grandes toiles marouflées d'un certain Jean Baptiste Vermay, inhumé d'ailleurs dans la grande nécropole. Roulements de tambour, nous parlons ici, selon l'historiographie en vogue, du peintre le plus important de l'ile, d'un Grand et Célèbre Peintre de cour Français, avec toutes les majuscules de rigueur.

J'ai joué la pérennité de mon visa, le jour où effondrée par les gribouillages de ce peintre, j'ai osé sussurer que s'il avait été si en cour que cela il ne se serait peut etre pas aventuré en ces terres lointaines pour y faire fortune. Il n'aurait certainement pas quitté les privilèges de la cour pour aller mourir à l'autre bout d'un monde difficile d'accès au XVIIIe s. Aux yeux courroucés de l'assemblée, j'ai compris que je venais de commettre un crime de lèse-démocratie populaire. Je me suis réfugiée dans mes souvenirs et n'ai pu en exhumer qu'un Horace Vernet. Peut etre l'Historien aurait il confondu les noms des peintres francais, ce qui lui aurait permis de conclure que le peintre en bâtiment certes venu de l'Hexagone, ne faisait qu'un avec le Vernay peintre de marine ou le Vernet peintre d'empire ?

Quoiqu'il en soit, un véritable culte est voué au peintre venu de France pour faire rayonner son art sur la colonie, et quel art….Comme quoi rien n'est plus subjectif que l'histoire et l'art. Et les Anglais ont la sagesse de commencer le programme de collège en histoire en parlant d'angle de vue, de subjectivité. On serait certainement bien avisés chez nous au lieu de changer de programme à chaque gouvernement pour mieux modeler les petites têtes de nos progénitures, de leur expliquer ce petit détail….

Mon mauvais esprit aiguisé par les actions ultérieures du sieur Vermay, responsable du badigeonnage en blanc des fresques baroques de la cathédrale, m'a longtemps empêché, je l'avoue, de comprendre que ce Monsieur était révéré non seulement pour son activité picturale mais aussi pour son rôle éducationnel puisqu'il a fondé l'Académie San Alejandro. Il est donc le père de la peinture et des peintres cubains…La voilà la vraie clé, ce qui compte ce n'est pas de créer c'est de former, j'ai dû passer à côté de la signification de cette passion de la peinture selon Jean Baptiste…

La grosse pomme de la discorde

Les conquérants <small>José Maria de Heredia...</small>

1. Comme un vol de gerfauts hors du charnier natal,
2. Fatigués de porter leurs misères hautaines,
3. De Palos, de Moguer, routiers et capitaines
4. Partaient, ivres d'un rêve héroïque et brutal.

5. Ils allaient conquérir le fabuleux métal
6. Que Cipango mûrit dans ses mines lointaines,
7. Et les vents alizés inclinaient leurs antennes
8. Aux bords mystérieux du monde occidental.

9. Chaque soir, espérant des lendemains épiques,
10. L'azur phosphorescent de la mer des Tropiques
11. Enchantait leur sommeil d'un mirage doré ;

12. Où, penchés à l'avant des blanches caravelles,
13. Ils regardaient monter en un ciel ignoré
14. Du fond de l'Océan des étoiles nouvelles.

Il était bien temps de rendre à à Jose Maria de Heredia ses lettres de noblesse. Il faudrait se promener dans les rues de Santiago en déclamant les sonnets du parnassien devenu parisien. Que reste-t-il de notre célèbre poète à Cuba ? Quelques rues consacrées à son cousin, célébré comme le poète national, mais de notre acadamécien né dans l'Ile rien. Il est amusant de se souvenir que ces deux poètes, séparés par une simple particule, une cinquantaine d'années, mais une vie totalement différente, sont nés pratiquement au même endroit. De Jose Maria  Heredia, poète espagnol (à l'époque) né et revendiqué cubain, l'ile a conservé l'image d'un héros et du premier poète d'envergure. De Jose Maria de Heredia, né lui aussi à Santiago mais cubain installé en France, parfaitement assimilé et considéré dans son pays d'adoption comme un des grands auteurs Cuba, a perdu la mémoire.

Pourtant en relisant attentivement son célèbre poème justement nommé « les Conquérants » on remettrait en lumière quelques éléments intéressants, comme les origines fangeuses de la plupart des colons…De là à établir un parallèle avec les expatriés, il n'y a qu'un pas, mais que je franchirais allégrement aux vues des aventures qui me sont arrivées récemment.

Pour m'occuper, tant il est connu que les expatriés vivent une vie paradisiaque avec des conditions extraordinaires et ne font pas grand-chose de leurs journées. Pour m'occuper donc, j'avais monté quelques visites insolites, histoire de promener les nombreux visiteurs venus découvrir l'île enchantée en profitant d'un petit séjour chez nous. Parmi celles-ci, l'une remporte un succès constant. Elle consiste en la découverte du petit quartier financier de la Havane, nommé au début du siècle *Wall Street Havanero*. L'appellation est attestée mais les informations ont disparu des bibliothèques cubaines. Il faut aller chercher la documentation sur les sites américains d'avant guerre. A force de déambuler dans les rues et de regarder les façades, à force aussi d'éplucher les vieux guides touristiques du début du siècle, j'avais réussi à organiser un petit tour des institutions financières construites dans les années 1920. J'en suis assez fière puisque je fais découvrir à mes touristes ébaudouis des escaliers de secours à la new yorkaise, des églises transformées en banques, des compagnies d'assurance oubliées et surtout une architecture différente des patios coloniaux.

Cette balade, que je veux originale, me permet de parler de l'architecture américaine, des principes d'urbanisme du nouveau monde, de l'œuvre de Jefferson et de l'idéologie américaine. J'ai l'impression de servir à quelque chose en ce bas monde en donnant à voir ce que tout le monde peut regarder s'il se donne la peine d'ouvrir les yeux. Rien de bien révolutionnaire mais des façades qui parlent d'une époque décidément révolue. Je termine cette évocation de la grosse pomme au bar *Sloppy Joe* où la mafia avait coutume de siroter un *mojito* en dégustant un sandwich à la *ropa vieja*, à l'effiloché de bœuf, la spécialité locale.

Mon itinéraire a intéressé pas mal de gens mais je ne m'attendais quand même pas à ce qu'on me demande de but en blanc si je pouvais en donner une version écrite pour pouvoir la publier. Je dois avouer que les bras m'en sont tombés. Non mais quand même, il faut être culoté pour s'emparer du travail de quelqu'un d'autre et le revendre à une maison d'édition ! Quand j'ai protesté, je sais que copy right dans ce type de pays veut dire *right to copy*, droit de reproduire, on a protesté que j'allais inventer une spoliation alors qu'il s'agissait simplement de rendre public une bonne idée. Moi, j'ai tout comme l'impression qu'il s'agit ici

d'un vol de cerveau. On me prend mes idées, mes itinéraires, mes écrits et quoi d'autre encore. C'est vrai que je me sens volée mais, a priori, c'est que je vois du mal là où il n'y en a pas…Bon, je ne voudrais pas me brouiller avec la communauté française, mais je me sens un peu possessive sur une question comme celle là. Pas à dire Jose Maria avait raison, quelles que soient leurs origines, les conquérants de ce monde nouveau, n'hésitent pas dans leur démarche pour s'emparer des richesses des autres. Certes, les pierres de la Havane ne m'appartiennent pas, mais j'aurais espéré conserver la maternité de mes balades, j'aurais aimé garder pour moi mes émerveillements architecturaux et offrir moi-même mes découvertes plutôt que laisser des aventuriers sans vergogne s'emparer de mon travail pour mieux le faire fructifier. Mais je ne vis certainement ici qu'en miniature ce dont les Cubains souffrent, leurs belles plages, leurs beaux monuments spoliés par des étrangers sans principes….

Drôle de douane

C'est toujours un grand stress que partir pour l'étranger, surtout quand on y habite. Il faut alors se faire violence pour minimiser le poids de son bagage. Selon les lois en vigueur, celles des compagnies aériennes, des pays d'arrivée, mais aussi des entreprises qui mettent à disposition, ou non, des franchises de kilos, il faut respecter le poids limite ou accepter de payer des surcharges pondérales parfois un peu, ou beaucoup exessives. Parfois, il vaut mieux carrément dépasser allégrerment et payer d'emblée un surplus bagage.

Quoiqu'il en soit, la réservation est faite avec son plafond kilogrammique autorisé. La corrida commence bien avant le départ, avec la confection de la valise. Certes, il n'est pas question d'emmener des armes, mais quelle est la limite en matière de vin ? Et ce saucissson va-t-il passer ? Et puis-je tenter un peu de fromage ??? (On est français ou pas…). Je me rappelle l'époque pas si lointaine où je planquais la charcuterie dans le linge sale (emballée, la charcuterie- le linge sale aussi). Outre les petits plaisirs et gourmandises de Français, il faut souvent prévoir les pénuries les plus aberrantes lorsque l'on part à Cuba. Et l'on charge ses valises de savon, papier hygiénique, stylos, farine voire beurre, j'en passe et des pires…

Au chapitre des interrogations existentielles, quelles sont les vraies nécessités ? Ai-je vraiment besoin de dix paires de chaussures pour la famille ou vaut-il mieux prendre des livres ? Les rares librairies sont vides et ne proposent que quelques rares exemplaires défréchis des œuvres de Jose Marti, le barde national ou des hagiographies de Fidel. Dieu merci, avec les Kindle, Kobo, liseuses en tous genres, on épargne du poids… Parce que le poids c'est le nerf de la guerre. Alors on pèse, on soupèse, on enlève, on rajoute, on retranche, on s'affole des oublis…Car à Cuba l'oubli vous poursuit le long du séjour puisqu' il n'est pas question d'utiliser la carte bleue pour un produit introuvable…

La veille du départ, avec la pesée du bagage, alors là c'est panique 850g en trop, la balance sera-t-elle tarée différemment à l'aéroport ? L'hôtesse à l'enregistrement sera-t-elle de bonne humeur, gentille ou épuisée avant l'heure ? Sera-t-elle sensible au fait que nous habitions dans un pays qualifié de difficile, au fait que nous ne trouvions pas ce qui parait tellement évident dans nos vies de caucasiens gâtés. La liste contient chaussures de cuir souple, épices, produits de beauté, médicaments, confiseries, livres, matériel électronique et tout simplement les produits auxquels nous, Français, sommes tellement habitués comme la moutarde de Dijon, le dentifrice mentholé, la mousse à raser qui ne donne pas des boutons, les cahiers Seyes. Car il y aurait vraiment des pages à écrire sur le cahier Seyes. Quelle autre nation en effet oblige ses concitoyens à apprendre à écrire sur du Seyes ? La sacro-sainte Education Nationale a-t-elle seulement idée des cauchemards qu'elle suscite chez les parents de l'étranger à exiger ces grands carreaux interlignés alors que le monde entier se contente de lignes ? Où trouver du Seyes hors de France ?

En général, je ne suis pas chanceuse, mais il m'est arrivé une fois de tomber sur une gentille dame, manifestement en manque d'exotisme. Elle a tellement adoré le récit de mes petites misères qu'elle a totalement fermé les yeux sur mes huit kilogrammes d'excès. Je lui ai même envoyé une carte des Tropiques pour la remercier. Pas sûre qu'elle lui soit parvenue néanmoins….

Bref, l'épreuve de la pesée passée, les bagages sont partis, a priori on devrait les récupérer à l'arrivée en priant pour que les autorités locales ne les aient pas annotées d'une croix signifiant une bonne heure de tergiversation et même de refus à l'arrivée après la nuit d'avion, les heures d'attente à la douane. Il reste aussi à passer le contrôle des bagages cabine où une fois sur deux, l'un d'entre nous, pourtant préalablement rebriefé, a oublié une paire de ciseaux, le couteau suisse si pratique, la bouteille d'eau de la dernière soif et hop c'est parti pour le vol en retard, les turbulences, le repas sous vide, les écrans en panne et l'arrivée dans la foule, avec des expériences parfois rocambolesques.

Et à la Havane, malgré la modestie de l'aérogare, les surprises peuvent se révéler nombreuses et variées. Au débarquement, dans cet aéroport dit international, on est assailli par les odeurs, de graillon, de frites, la moiteur, la décomposition, l'odeur des Tropiques. Par rapport à l'universelle odeur aseptisée, ça change singulièrement et c'est systématiquement un choc, quoiqu'attendu, redouté, mais un choc…

Puis, commence la queue informe pour passer la douane et l'attente interminable pour les bagages qui semblent s'égrener un à un…quand ils viennent…Cela pour les bons jours. Car il peut aussi arriver que le personnel au sol plie bagage, c'est le cas de le dire, que les lumières s'éteignent, ce malgré une queue importante au petit kiosque des réclamations.

C'est que pour les vols tardifs, le personnel chargé de vider la soute est parti par la dernière *guagua*. Il est tellement compliqué de se déplacer à Cuba que les employés préfèrent quitter leur poste toute affaire cessante à l'heure du ramassage plutôt que risquer de passer la nuit sur leur lieu de travail. Du coup, il n'est pas rare que l'aéroport soit désert à l'arrivée des derniers avions, ceux arrivant d'Europe. Dans ce cas, les bagages, s'ils arrivent, sont débarqués par le seul étourdi qui n'a pas entendu l'appel de la maison ou le puni, ou le, plus improbable, Cubain concerné par son travail. Celui-ci se retrouve alors seul à vider la cargaison d'un transatlantique ; l'opération prend dans ce cas, assez courant finalement, un temps certain. Ce dernier peut d'ailleurs être allongé par le même phénomène qui retarde le passage à la douane, à savoir l'étude approfondie du contenu des bagages en provenance d'un pays extérieur. Ce, dans l'hypothèse où les bagages contiendraient une denrée interdite, un produit refusé que le fonctionnaire des douanes pourrait récupérer.

Quand, après ce long processus, qui explique l'interminable attente, les bagages souvent entrouverts, défoncés, arrivent enfin au compte goutte et sont projetés parmi la foule, intervient le risque qu'ils soient chargés à tort sur un des charriots fagocités par les Cubains revenant de l'étranger. Parce qu'ils ont les moyens de sortir mais aussi de rentrer chez eux, et sont, d'une certaine manière, intouchables en leurs terres, ceux-ci adoptent des attitudes caricaturales. Les hommes couverts de chaines d'or hurlent à l'unisson des dondons décolorées juchées sur des talons et moulées dans des pantalons de marque qui mettent bien en valeur leurs formes. Le tout braille si fort que l'on ne s'entend plus dans le terminal transformé en hall de gare. Ces braves gens, dont la discrétion et la distinction ne sont pas les plus grandes caractéristiques, profitent de leurs voyages pour rapporter tout ce dont ils, leurs familles, leurs voisins, leurs protégés ont besoin, le climatiseur, la télévision, les vêtements, les réfrigérateurs, lesquels chargés sur les fameux chariots forment des montagnes empêchant de visualiser ou d'aller récupérer la pauvre valise que l'on voit enfin sortir au moment où l'on n'y croyait plus.

Quand donc enfin arrive la fameuse première valise soit ejectée violemment du tapis, soit cahotant- car enfin y a-t-il un autre pays où le convoyeur à bagages est soumis à de telles intermittences- on commence à soufller, jusqu' au moment où l'on se rend compte que le reste des bagages n'apparait pas et n'apparaîtra pas alors que l'aéroport se vide peu à peu…. D'ailleurs la petite dame du kiosque de réclamations, elle-même lassée d'attendre, est partie, soit en pause, soit, pire, chez elle, bien que la queue devant son guichet continue de s'allonger. C'est alors, que pris d'une soudaine envie de visiter les toilettes, envie vite regrettée car on avait presque oublié la saleté repoussante des lieux, on passe devant le second tapis en provenance d' un autre continent, qui, oh miracle, laisse tourner depuis des lustres visiblement notre autre malheureux bagage, éventré, certainement sous le poids d'un climatiseur ou d'un déchargement fait par-dessus la jambe….Et l'on se prend à regretter de ne pas circuler plus léger….finalement avec des bagages uniquement transportés en cabine, on attend moins et on gère d'un bout à l'autre ses petites affaires…

Excusez pour le dérangement...

Rien à faire, le Prestige de l'uniforme est une constante humaine. Evidemment à Cuba il a un peu de plomb dans l'aile car les pauvres policiers chargés de laver leur unique costume finnissent par n'être vêtus que d'une vague défroque violette à force d'avoir été portée, lavée avec des produits de piètre qualité, une eau plus chargée en calcaire qu'en liquide, et séchée à tous les vents et sous le soleil violent des tropiques.

Et puis, ces braves policiers, venus d'Orient, c'est-à-dire de l'Est de l'Ile, chercher la grande vie dans la capitale et connus sous le nom de *Palestinos*, amusent beaucoup le snobisme havanais, de par leur accent plus chantant, leur couleur plus foncée, leurs mœurs soi-disant plus rustres. Ils sont un peu nos belges à nous ces pauvres *Palestinos*, que les Havanais méprisent plus ou moins gentiment et surtout qu'ils accusent des maux actuels de la capitale.

Il est vrai que faire le planton sous quarante degrés pour attendre l'infraction du touriste, dans la pestilence des gaz d'échappement des tacots encore en circulation exclusive sur l'île de toutes les vétustés, sous les violentes averses, n'ont pas de quoi attirer l'homme de la capitale qui ambitionne une carrière plus passionnante et surtout moins fatigante. Car ces bottes magnifiques sur le dessus, mais aux semelles ravagées, doivent tenir bien chaud. Je n'ose d'ailleurs imaginer ce qui se dégage au déshabillage. En outre, le bleu marine c'est bien beau, mais on cuit dedans. Quant aux interminables heures d'attente, elles ne donnent certainement que l'envie de se défouler sur ces nantis qui circulent en quatre roues...

Dès lors, on peut comprendre cette joie un brin sadique qu'éprouve le policier à arrêter tous les véhicules de tourisme, ceux marqués d'un T sur la plaque d'immatriculation. Car qui dit Touriste dit argent, et qui dit argent dit qu'avec une petite menace bien sentie on va peut-être se récupérer un petit billet qui arrondira la fin du mois et permettra de mettre de l'huile dans les *frijoles*, d'acheter des chaussettes à la fille, les cachets à la grand-mère ou toute autre frivolité parfois juste nécessaire à la survie. Tout ce qui était autrefois interdit devient monnaie courante dans ce climat de décomposition généralisé. Si les policiers, comme les autres, craignaient trop la dénonciation à l'époque de Fidel pour se livrer à ce type de chantage, il semble qu'ils s'asseyent aujourd'hui allégrement sur leurs peurs d'antan.

Et c'est un festival, toute voiture de tourisme est sifflée, arrêtée sous les prétextes les plus fallacieux, vérifications diverses et variées. La fois ou le policier nous a expliqué qu'on était passé au rouge alors que de toute évidence il n'y avait pas de feu, ni vert ni rouge, aucun sémaphore en vue, nous a laissés perplexes. Mais l'inventivité du Cubain n'a d'égale que sa totale et absolue mauvaise foi et que la créativité du législateur et de ses interdictions.

A Cuba, l'étranger, pas plus que le local en la matière, ne peut en effet transporter de langoustes ou autres fruits de mer, pas d'armes bien sûr, ni de drogues. On peut, à ce sujet, se demander dans quelle catégorie entrent les produits de la mer. Mais il ne peut pas non plus véhiculer d'officiels ou agents du Ministère des Forces Armées Révolutionnaires sous peine de suspicion de collusion. En revanche, les poules, bétail et famille de vingt-cinq personnes au complet dans une *Lada* ne posent pas de problème. La ceinture ne se boucle pas car il faudrait au préalable qu'elle équipe les sièges. La maréchaussée zélée peut vous faire arrêter pour vérifier que vous êtes bien attachés, mais si vous pouvez lui (dé)montrer que votre carosse est démuni de ceintures, elle vous relâchera tout en vous conseillant de veiller à faire réparer ce qui est déglingué. Les clignotants et les essuis-glace fonctionnant rarement ne sont pas obligatoires. En revanche, les klaxons eux ont l'air de bien fonctionner, dieu merci ils permettent de pallier la faiblesse des freins… Les panneaux restent comme dans une bonne partie du monde latin purement décoratifs. Quant aux piétons, ils ne sont pas prioritaires, ce qui ne les empêche pas de tenter de se suicider régulièrement en traversant sur un coup de tête, n'importe où et n'importe quand, sur une autoroute, une voie rapide. Et ce, sans calculer les risques. Quand je parle de calcul de risque c'est de l'estimation de la vitesse du véhicule à l'approche dont il s'agit puisque les risques sont évidemment différents si l'automobile est une *Lada*, une *Buick* à la carosserie rutilante mais à la motorisation pétaradante, une *Geely* tout juste sortie des chaines de montages pékinoises il y a vingt ans, ou une voiture normale, presque récente et conduite par un *Yuma* diplomate ou autre privilégié du système…

Les arrestations ne correspondent donc pas aux délits auxquels nous sommes habitués sous nos latitudes, la vitesse, l'absence de signalisation, la faute de conduite mais plutôt à l'immatriculation, l'âge du véhicule, la tête du conducteur et bien sûr l'humeur et l'état des finances de l'agent de circulation.

En outre, de faux policiers surgis de nulle part, tels Zorro, les vrais roupillant à l'ombre sinon des palétuviers, du moins des ponts autoroutiers, on recherche la fraicheur ou l'on peut, peuvent vous arrêter de force et vous obliger à charger leur famille pour la ramener à la ferme. Je doute néanmoins que ceci soit vraiment autorisé. Ces faux policiers trouveront toujours un prétexte pour vous demander quelques subsides. Les vrais policiers, eux, ne demandent pas d'argent mais aiment vérifier votre résistance à l'énervement, votre niveau d'espagnol et s'en prennent souvent au contenu du coffre. Ils sont assez créatifs et capables de soutenir des contre-vérités étonnantes. Bref, l'une des joies sur les routes cubaines, outre les ornières, les trous d'eau, les animaux divers et variés, les piétons, les chars à bœufs, ou les vélos à contresens reste la rencontre avec un policier.

Rencontrer les forces de l'ordre n'est jamais plaisant même si l'on n'a rien à se reprocher. Se faire arrêter en territoire étranger dans un idiom différent rajoute au (dé)plaisir. Mais que dire de l'arrestation en territoire si démocratique. Le coup de sifflet sonne comme le début d'une mésaventure qui peut friser le vrai danger, celui d'être envoyé, voire retenu, au poste de Police…

Dieu merci il existe encore quelques moyens pour se sortir du guêpier de l'arrestation. Le premier, une fois n'est pas coutume mais rendons en ce sens hommage à la chaleur humaine cubaine, c'est d'être une femme. Ce cas de figure vaut bien une petite mise en scène. Il suffit d'ouvrir lentement sa portière et d'extirper de l'habitacle lentement, très lentement, une première jambe, si possible dénudée, puis une fois sûre de l'effect visuel, sortir l'autre et couronner le mouvement d'un sourire étincelant. Evidemment si l'on mesure moins d'1M85 et qu'on ne dispose pas de jambes de mannequin, il existe une autre option assez efficace également qui consiste à pleunicher « Ouh mon mari va vraiment etre en colère contre moi et vous savez mon mari est quelqu'un de vraiment important ».

Si celle-ci ne fonctionne pas non plus, les enfants en bas âge, peuvent avoir un impact positif. Qu'ils hurlent, dorment, babillent, en général, ils font fondre le cœur paternel (ou maternel) qui réside en chaque Cubain. Je recommanderais en la matière de louer une paire de petits blonds pour un long trajet en voiture ou si l'on envisage de transporter une denrée interdite, type sac de ciment, pot de peinture blanche ou langouste.

Enfin, mais je reconnais que ce n'est pas à la portée de tout le monde, on peut brandir la carte du ministère auquel on est rattaché. Le Minsex (ministère des affaires extérieures, cela ne s'invente pas…) ne fonctionne pas vraiment. Le mieux est le Minfar, les Forces Armées Révolutionnaires. La carte de rattachement à ce ministère calme en général pas mal le policier en abus de pouvoir. Il se met à craindre la réprimande d'un officiel plus gradé, ce qui peut notablement ralentir son enthousiasme à coller une amende. Dans ce cas, l'arrestation se termine invariablement et quelle qu'en ait été la durée, et la cause réelle, parce qu'il faut aussi en référer au chef, et au chef du chef, par un « *Disculpe la molestia* », pardonnez-moi pour le dérangement, *Buenas Noches*, Bonne nuit et un petit salut courtois. Comme quoi rien à dire, les vertus de l'uniforme et surtout de la hiérarchie ont du bon….

Malheureusement si l'on ne travaille pour aucun de ces ministères, qu'on se trouve sans enfant et qu'on ne dispose pas de jambes de mannequin, il faut trouver une autre parade. On peut, dans ce cas, plaider pour l'incompréhension totale. Comme les Cubains sont prompts à taxer les étrangers de crétins cela ne pose aucun problème de correspondre à leur vision. Un sourire un peu bête, un haussement d'épaules gêné, un *I dont understand* peuvent passer. Pour le petit cadeau, on ne sait jamais si on tombe sur un zélé du régime ou un véreux prêt à tout pour arrondir ses fins de mois que je reconnais difficiles. Du coup le petit billet peut être un peu délicat et mal perçu.

Evidemment, lorsque l'on est arrêté plusieurs fois dans la même soirée, ça a tendance à devenir un tantinet agaçant et lorsque cet agacement s'exprime un peu vertement, on est saisi par la fabuleuse ironie de la réponse, « *Disculpe Senor, si todos los policistas estuvieran adivinos…..* » que l'on pourrait traduire par « Désolé Monsieur si tous les policiers étaient devins, ils pourraient savoir que vous avez déjà été arrêtés et ils ne vous arrêteraient plus… » ; Bien entendu, dans le seul pays au monde où la 3G ne fonctionne pas, je ne parle évidemment pas de la 4 ou 5G, où les talkies walkies sont décoratifs ou grésillent tant qu'ils en deviennent inutiles, la communication des informations a peu de chance de se diffuser…le tout accompagné du réglementaire « excusez pour le dérangement ». On ne sait jamais, des fois que le touriste arrêté aille effectivement faire un rapport à un général ami ou au bureau du Mintur (ministère du tourisme). L'on notera, au passage, que le policier a l'humilité de se savoir ni devin, ni divin, ce qui atteste d'un important déclassement par rapport au Havanais et d'une origine vraisemblablement provinciale.

Il ne faut pas exagérer non plus car quand on est pris la main dans le sac, en l'occurrence en sens interdit, on a beau nier, cela ne sert qu'à épaissir le dossier. Car tout mouvement de l'étranger installé à Cuba, ou du local au demeurant, est suceptible d'intéresser les autorités. Quand bien même il ne présenteraitra aucun intérêt, il passionne toujours le CDR, *Comité de Défense de la Révolution* ou, à défaut, les employés de l'immeuble ou les voisins bien intentionnés toujours friands de commérages et prêts à aller les déclarer au Comité du quartier. Car on ne sait jamais. Tout étranger étant suspect de libéralisme et de contagion antirévolutionnaire et à ce titre suspect, tous ses mouvements sont notés, enregistrés, rapportés, amplifiés et peuvent devenir objet de chantage. Toute visite suspecte, toute communication hors norme, toute liaison dangereuse peut un jour ou l'autre réapparaître et être brandie comme une invitation à quitter le territoire au plus vite.

Pour autant, cette magnifique excuse, *disculpe la molestia pero si todos los policías estuvieran adivinos* a le mérite immense de nous montrer que si le policier cubain ne brille pas par sa logique, il manie à merveille le conditionnel. Le futur de la nation au conditionnel, en voila une belle mise en perspective…

Karl Marx à la Havane

Une fois, sur la première Avenue de Miramar, un jeune couple m'a arrétée pour me demander la direction de Carlo Marre. Je suis restée interloquée, je n'avais aucune idée de qui pouvait bien être ce Carlo. En demandant des précisions j'ai appris qu'il s'agissait d'un théâtre en bord de mer. J'ai pris mon air désolé d'étrangère qui ne comprend rien et ai enterré l'épisode.

Quelques jours plus tard, je me baladais à nouveau sur cette Première Avenue. C'est une avenue complètement décévante mais tellement emblématique du pays. A son nom, on peut s'attendre en effet à une avenue, autrement dit à une rue un peu large et aérée puisqu'elle traverse Miramar, le quartier plutôt joli et autrefois chic de la capitale. Surtout, son numéro indique la proximité avec la mer. En la repérant sur une carte, je m'étais imaginée ingénuiment que cette avenue côtière pouvait être bordée de cafés et restaurants avec vue sur les flots et je me sentais assez attirée. Les photographies et descriptions historiques évoquent d'ailleurs une belle artère le long des clubs de bain huppés de la capitale.

Certes les lieux de distraction et restauration ont tendance à s'y multiplier, pour autant le bord de mer n'est guère inspirant. La côte, rocheuse à cet endroit, était aménagée à l'époque américaine au moyen de piscines naturelles creusées et protégées par des digues, entourées de grandes villas et clubs nautiques. Erodés, détruits par la violence des vents et des vagues, ceux-ci n'ont jamais été réparés et leurs ruines mélancoliques sont envahies par les ordures. Les quelques rares débouchés de rues sur la mer s'apparentent à des décharges et une odeur d'urine et d'égouts rend la plongée dans les ondes fraiches moins attirante. Les lieux propices à la baignade, type hôtels, ou piscines naturelles publiques sont soit désaffectés, soit fréquentés par une population des plus interlopes ou encore leurs abords sont tels qu'ils vous coupent net toute envie de nager.

Au début, tenté par ces bains de mer si proches, je me rendais au *balneario universitario*, l'immense piscine naturelle ouverte aux étudiants et aux riverains. Mais marcher entre les débris de bouteilles, les crottes de chien, dans des effluves peu ragoutants a fini par me passer l'envie. D'autant que la récompense de cette immense piscine d'eau translucide offrant le spectacle de cannettes et plastiques coincés entre les coraux me ravageait systématiquement le moral.

Alors je me suis contentée d'arpenter l'avenue à vélo. Et j'ai fini par atteindre un immense batiment de verre devant lequel une queue informe attend à toute heure du jour et de la nuit. J'ai rapidement compris qu'il s'agissait d'un *hot spot* et que les Cubains, inerdits d'internet chez eux, allaient y gratter la carte magique pour se connecter. Mais il y a aussi matière là à faire la queue la vraie pour acheter des billets puisque ce grand bâtiment n'est autre que le celèbre Karl Marx, autrement dit prononcé à la cubaine le Carlo Mar ou marre, car seuls les cubains étaient capables de donner le nom de Karl Marx à un théâtre comique.

Certes il s'agit d'une des plus grandes scènes de la capitale, par conséquent on n'y voit pas que du comique mais la remarque était trop tentante pour ne pas la faire…On y assiste à toutes sortes de spectacles, danse, concerts et donc humour. Comme il s'agit vraiment d'un lieu populaire, les meilleurs artistes y tournent et on peut avoir de belles surprises et profiter de ces merveilleux tours musicaux où le spectacle est plus dans la salle que sur scène.

J'aime particulièrement les chanteurs de charme, qui font vibrer le public féminin. J'ai gardé le meilleur souvenir du concert d'Alain Daniel. Vu le nom et l'affiche je m'attendais au pire, mais considérant le prix des tickets, le risque ne me paraissait pas dramatique…Les spectateurs ou plutôt les spectatrices m'avaient déjà rejouie, habillées sur leur trente-et-un. Il faut dire que la Cubaine endimanchée vaut le détour comme dirait le guide Michelin. En général, endimanché veut dire court, c'est-à-dire encore plus court et moulant qu'à l'ordinaire. A ce compte là je ne sais pas si c'est très utile de s'habiller. Les perruques blondes sont de rigueur ainsi que les talons perchoirs. Tout cela caquette et s'interpelle sans discontinuer. Mais quand le crooner s'annonce c'est le délire. Les cris et applaudissements couvrent même les bavardages, téléphoniques ou non, les déplacements incessants et intempestifs, les froissements de paquets de chips, les machônnements qui ne cesseront de toute la prestation de l'idôle de ces dames. Le comportement du public ne varie d'ailleurs pas, qu'il s'agisse d'un concert classique, d'une pièce de théâtre ou d'un film….

Bref, quand arrive le chanteur, c'est la pâmoison car le costume blanc ajusté trop court, pris au petit frère, sur des chaussettes noires, ça vous pose un homme. Visiblement les airs sont connus et repris à tue tête par l'aréopage de matrones si excitées qu'elles en dansent sur les sièges. Pour moi, les airs se ressemblent tous et je ne connais aucune parole. Je passe vraissemblablement à côté de la quintessence de cette musique. D'ailleurs, tous les chanteurs ou groupes que j'ai pu aller écouter à Cuba m'ont fait le même effet, mais je continue à aller applaudir les idoles du Karl Marx parce que j'en adore l'ambiance. Il est vrai que je n'ai guère l'oreille affutée…. Il semble que le *Don Cangrejo* à coté offre des spectacles pour un public plus jeune. Cependant, la queue et l'allure des dames qui attendent visiblement des jours meilleurs m'ont toujours un peu rebutée.

Mais je ne me suis pas penchée encore sur les modalités d'achats des billets d'entrée. Car à Cuba le système peut être double comme toujours. Pour les Cubains vraiment cubains, c'est-à-dire payés en monnaie locale, pas d'autre option que faire la queue très longue pour acquérir son sésame. Des petits malins ont pris la mesure de ce que pouvait leur rapporter la patience et un marché noir s'est vite constitué autour des meilleures salles et des meilleurs spectacles et ceux-ci achètent des stocks de places en pesos cubains pour les revendre en CUC autrement dit en pesos convertibles profitant de la schizophrénie monétaire mais aussi de l'impatience ou du manque de temps des étrangers ou des cubains plus fortunés. Ainsi, avant même d'approcher des lieux de spectacle, il n'est pas rare d'être hêlé par des *pschitt* comme si on était pris pour un chien…. Interpellés ainsi, les *yumas* se voient proposer, dans un anglais approximatif, des places payables au prix fort et en devise. Car il est dit que le *Yuma* est trop bête pour comprendre l'idiome local. Les nouveaux riches eux, tous ceux qui profitent du régime, de la timide ouverture, des cousins d'Amérique, toute cette classe nouvelle et voyante qui vit dans les quartiers ouest de la Havane et choque d'autant plus que le reste de la population s'enfonce jour après jour dans la misère et la délinquance, ont pour coutume d'envoyer un cousin pauvre ou un domestique faire la queue pour eux.

Pour autant, le théâtre reste un lieu de réjouissance populaire et a priori le prix des tickets et la variété des spectacles permettent à tous d'en profiter. Ainsi, au *Karl Marx* on voit aussi des spectacles comiques assez réjouissants, même si leur contenu de cesse d'étonner. L'humour cubain est corrosif, lucide sans être trop désespéré mais étonnant dans ce qu'il ose dire et dénoncer ouvertement. Cette même liberté de ton, on la retrouve dans les petits théâtres qui parsèment la capitale. Le problème souvent est que les metteurs en scène locaux se sentent obligés d'adapter toute forme de littérature aux problématiques locales et surtout de pimenter le tout de sexe. Ce qui se traduit par des spectacles débridés qui s'apparentent parfois plus à des peep show qu'à des pièces. J'avoue en perdre un peu le sel des intrigues. Il parait que l'Amérique du Sud trop marquée par le puritanisme des colons espagnols s'en démarque ainsi. Je crois me souvenir que l'Europe de l'Est utilisait la scène théâtrale de la même manière pour contourner la censure ou exprimer la liberté.

On m'a raconté que la censure laissait ces tout petits théatres de la capitale exprimer un ras le bol général dans ces endroits fermés et finalement circonscrits à un public très ciblé et surtout fréquenté par les étrangers pour mieux montrer à l'extérieur la liberté de penser.

Je veux bien tout croire, il n'empêche que Shakespeare est déjà suffisament compliqué en soi pour que je ne comprenne plus rien si on le pimente de l'accent cubain, d'une relecture politique locale, de scènes de sexe, de déshabillages intempestifs. Et puis comme partout je l'imagine, mais ici de manière systématique, le théâtre local obéit à des modes. Aujourd'hui la scène havanaise me semble en phase monologues dramatiques sur la situation locale, mise en abyme et décor minimaliste. Quand les trois-quart du discours vous échappent, que la climatisation est en panne ou se met joyeusement à dérailler et à congeler l'assemblée, que les sièges sont durs et sales, le spectacle devient tout de suite moins sympathique.

Alors on se rabat sur la danse car l'offre est énorme dans la capitale cubaine, énorme mais très hétéroclite. Beaucoup de contemporain, de flamenco et de pas de deux. Avec cette manie des extraits que l'on retrouve souvent en Amérique du Nord comme si les spectateurs n'étaient plus capables de suivre un ballet complet. Il en est ainsi des concerts. Les concertos tronçonnés, les symphonies en morceaux, les pots pourris musicaux et dansés deviennent le genre le plus en vogue. Nous avons ainsi eu l'unique honneur d'aller admirer un mélange d'airs tirés de comédies musicales new yorkaises version cubaine. Honnêtement, çà a été du lourd. Pour les oreilles déjà, mais aussi visuellement. Visiblement les Cubains n'ont pas vraiment compris l'essence de la comédie musicale et ce n'est ni un problème de décors, ni un problème de costumes. Car la paillette ne manque pas. En revanche la grosse castafiore posée sur le devant de la scène et hululant des airs connus devant une vague pantomime, sans danses au Royaume des danseurs, me parait aussi éloignée de *Singing in the Rain* que Mickey de Hitchkock.

Quoiqu 'il en soit je suis toujours épatée que dans ce pays où l'on ne trouve rien, la scène soit si variée, les costumes des danseurs si flamboyants. Et puis les musiciens sont toujours live et l'ambiance est en général fort agréable, alors pourquoi se priver ?

Car, s'il est une chose réjouissante à Cuba, ce sont bien les divertissements nocturnes. Evidemment leur contenu n'aurait peut etre pas convenu à Karl et Friedrich mais finalement le théatre Marx emprunte dans son répertoire davantage à Groucho et ses frères qu'à Karl et ses théories ce qui, finalement, me parait un joyeux clin d'oeil de la Révolution cubaine. Et si tout cela reposait sur un immense malentendu, une erreur de prénom ?

Le diamant maudit

Ce matin, j'ai visité le joyau de Cuba, la merveille des merveilles, le Capitole. Ça a été un grand moment. D'abord parce que c'est quand même un superbe monument et qu'il a été admirablement restauré, il faut quand même rendre à Raul ce qui appartient à Fidel...Mais surtout parce que c'est un monument dédié à la gloire du libéralisme américain, heu, pardon j'ai rippé, du communisme cubain.

Car comme le dit diligemment le guide, du haut de ces magnifiques murs, soixante ans de communisme nous contemplent. En fait il ne le dit pas tout à fait mais c'est ce qui ressort de cette fabuleuse visite. On y apprend pêle-mêle que la coupole du Capitole supplante de quelques centimètres celle de son modèle de Washington, qu'en fait elle ne copie pas du tout puisque le Capitole de la Havane ne s'inspire en rien, souligné trois fois de la voix, de son équivalent américain. C'est ne rien connaitre à l'histoire de l'architecture, ni à celle des Etats Unis et la bonne fois du guide auquel on a bourré le crâne de connaissances partisanes est ébouriffante. Il est un peu gêné sur la thématique des références, car si ce Capitole ne ressemble pas à celui de Washington il doit s'inspirer de quelque chose tout de même. Il me semble à moi que l'architecture ressemble étrangement à celle non seulement du Capitole de Washington mais de celui des quarante-neuf autres états des Etats-Unis et que la façade annonce clairement comment le grand frère américain considérait l'ile au début du siècle, un cinquante-et-unième Etat prêt à être annexé.

Mais le Cubain, peu scrupuleux sur les justifications, n'hésite pas à parler de l'influence de Saint Pierre de Rome. Je ne suis pas sûre en matière de communisme intégriste que prendre modèle sur la basilique première de la chrétienté soit préférable à l'icône du libéralisme. Ce qui est certain en revanche, c'est que la masse imposante de l'édifice ne permet pas de faire comme s'il n'était pas là. Passons, ce qui me plait c'est que les livres américains consacrés à la Havane dans les années 1920 eux ne tarissaient pas d'éloge sur la ressemblance entre ce vaillant dôme et sa référence très évidente pour eux.

Pour autant, la copie non conforme est un peu plus grande et dotée de jardins intérieurs uniques nous annonce fièrement notre charmant histrion puisque le climat du District Federal ne permet pas de profiter des espaces extérieurs. Ah bon, comme c'est intéressant !

A l'origine, la zone, marécageuse, se trouvait le long de la muraille, en sortie de ville. Une fois celle-ci démantelée, le lieu fut aménagé en jardin botanique puis on construisit une gare. Lorsque l'on s'avisat de construire le Parlement il fallut composer avec le terrain instable. La construction de ce bâtiment majestueux s'est donc avérée épineuse puisque le sol marécageux a généré des effondrements pernicieux et des fissures inquiétantes. Après avoir insisté sur son originalité pas si originale, notre expert insiste maintenant sur les murs lézardés de l'édifice parlementaire….

Il continue néanmoins son tour d'horizon en nous faisant admirer les portes d'accès de bronze relatant l'histoire de l'île sur le modèle des portes de Florence. Il n'a pas l'air au courant que l'inspiration vient d'une autre église ; ça ferait certainement désordre de confier que les portes du Parlement, de cette république anticléricale reprennent et adaptent à l'histoire locale celles du baptistère de la Cathédrale des Fleurs de Florence. Mais cela ne gêne pas non plus ce brave monsieur de nous dire que le sculpteur est venu se former à Paris à la fin du XIXème siècle sans mentionner le nom de Rodin et de ses *portes de l'Enfer*. Pourtant, cela permettrait de mieux comprendre la destinée de ce bâtiment sur lequel les fées ne se sont décidemment pas précipitées…

Avant que je n'aie eu le temps de faire preuve de mon mauvais esprit, arrive le moment de bravoure. On apprend que sous la coupole peinte, dans l'immense salle des pas perdus, se trouve un diamant au destin étonnant. Il aurait appartenu à feu Marie-Antoinette avant de parvenir au tsar Nicolas qui a « connu des malheurs ». Là on admire le sens de l'euphémisme déployé par les historiens locaux. Ce diamant aurait été subtilisé pendant la Révolution (russe cette fois) et aurait été acquis par une duchesse parisienne qui l'aurait cédé rapidement avant de mourir mystérieusement à un Turc, étrangement dénommé Isaac, qui pour une raison obscure serait venu à la Havane où il l'aurait revendu. Fascinée par les élucubrations, je note à la volée en espérant ne rien perdre de la truculence des propos. Ce diamant, véritablement on l'aura noté, maudit aurait ensuite été serti dans de l'andésite, un granit très dur, au moment de la construction du Capitole. Malgré son écrin inviolable, il aurait été subtilisé en 1946, puis retrouvé quinze mois plus tard dans le bureau du Président Grau San Martin. Ce récit ébouriffant nous est confié avec force détails et anecdotes.

Celui que l'on admire aujourd'hui n'est, depuis 1973, qu'une copie dont l'original serait gardé en lieu sûr, mais on ne sait pas où car cette pierre est vraiment maudite. Et le guide tout fier et tout heureux de conclure, sans se rendre compte de l'énormité de ce qu'il est en train de proférer, que ce diamant porteur de chance, ou plutôt de malchance, marque le point zéro des routes de Cuba. Alors là tout s'éclaire, si c'est un diamant maudit et volé qui marque le point zéro des routes on comprend mieux leur état calamiteux.

Comme si cela ne suffisait pas, la visite se termine avec l'évocation des patios intérieurs dont l'un est orné d'une statue unique au monde parait-il, celle de Lucifer en ange déchu (voire déçu ?). Décidément la malignité sinon du démon mais de l'architecte de ce Capitole ne se dément pas. S'il est un lieu à éviter car porteur de trouble c'est bien ce haut lieu de la démocratie cubaine. On comprend que vingt ans après son inauguration il y ait eu un sauve qui peut général et que le bâtiment soit tombé à défaut de l'oubli, ce qui ne parait quand même pas très envisageable aux vues de sa taille, dans la déchéance, divisé en une multitude de logements, souillé, pillé. La glorieuse Révolution n'a pas empêché cette merveille architecturale d'être vandalisée, vidée de ses bronzes, meubles et autres richesses pour n'être que mieux restaurée en cette fin de règne.

Et le guide de conclure joyeusement que la restauration devrait être terminée pour les cérémonies du cinq-centième anniversaire de la naissance de la ville. Le problème est qu'il est incapable de nous dire quand auront lieu ces cérémonies ni ce qui se passera, puisque rien ne semble encore prévu pour les six prochains mois. Il est vrai qu'une date anniversaire ne peut pas s'anticiper et qui sait d'ailleurs ce qui se passera à la Havane d'ici là, quel type de cyclone affectera les festivités d'ici l'année prochaine.

Quand les poules auront des œufs...

Vivre à Cuba c'est un peu vivre dans un grand poulailler. Ce, pour plein de raisons. D'abord parce qu'en temps qu'expatriée bien sûr on a tendance à se voir entre bonnes femmes et à piailler et autant dire que quand se pointe un homme, expat ou non, il lui revient de jouer les coqs. Mais cela pourrait s'appliquer à n'importe quel pays.

En revanche, ce qui reste pour le coup totalement cubain, c'est le fait qu'à Cuba on entende sans arrêt le bruit et les cris des galinacées, quand on ne les croise pas...On a beau vivre en plein centre ville, la volaille urbaine et non fermière se balade dans toute la ville. Et les coqs chantent à tue tête à toute heure du jour et surtout de la nuit. Contrairement aux coqs de nos pays dits du premier monde, ils ne se limitent pas au chant matinal, aux mâtines, ils hurlent toute la nuit mais aussi toute la journée pour devenir une véritable nuisance sonore. A tel point que nos amis de l'Ambassade de Belgique ont fini par occire les leurs, épuisés qu'ils étaient de les entendre entonner leurs péroraisons à toutes heures du jour et de la nuit. Il faut les imaginer, Monsieur l'Ambassadeur et Madame, armés d'épuisettes courant comme des fous derrière les volailles effarées...

Mais ces poules et poulets ne sont bien sûr qu'une métaphore de la population locale. Les femmes passent leur temps ici à caqueter, elles ne travaillent pas elles cancannent. On rentre dans un magasin, le bruit de ces dames est assourdissant, en revanche l'efficacité reste à démontrer. Pour accoucher non pas d'un œuf mais d'un maigre bonjour, il leur faut couver des mois. Ou plutôt pour décrocher un sourire, un bonjour, il faut aller les voir quotidiennenemt et déployer des trésors d'énergie et de gentillesse. En revanche, le coq, lui, passe en sifflant et en bombant le torse...

La poule et sa famille sont si populaires qu'ils s'illustrent dans un des sports nationaux, le combat de coqs. Officiellement interdite, cette activité peut être vue dans les bois ou autres lieux dissimulés. Elle est le théâtre de pratiques illicites comme les paris. On mise sur les coqs pour se refaire une santé financière comme sur les chevaux dans nos pays riches....

La poule, le poulet, c'est aussi bien sur l'une des bases fondamentales de la cuisine cubaine. Car pour garnir le sempiternel riz/haricots rouges, on sort parfois du gras de porc frit mais en général, on se contente de poulet aux hormones brésilien bouilli. Il faut dire que la cuisine cubaine est peu savoureuse avec son manque absolu de variété, son absence totale d'épices...

Parlant de gallinacées, Cuba traverse une crise sans précédent. La faute parait-il au cyclone Irma. Depuis que celui-ci a ravagé les côtes nord de l'ile, les précieuse poules ont disparu, elles se seraient envolées.... Et avec elles leur trésor, leurs précieux œufs. Fini les gâteaux, quiches, omelettes, envolées les crèpes, tortillas, ...il faut dire que les œufs ce n'est vraiment pas ce qu'on appelle un produit de base... Evidemment l'interrogation fondamentale repose sur le fait que les coqs sont, j'allais dire visiblement, mais il faudrait dire auditivement, bien présents. Il faudra m'expliquer pourquoi les poules se sont toutes éclipsées en nous laissant leurs mâles si sonores. Lassées de tant de bruit, elles les auraient plaqués là pour courir vers des basses cours plus attrayantes avec des mâles moins démonstratifs mais plus aptes à les nourrir...Comme quoi la crise conjugale n'est pas qu'un danger pour les humains. A moins que la rumeur la plus folle ne se vérifie. A savoir que les poules traumatisées par la violence des vents, aient vu leurs capacités reproductrices atténuées voire anéanties. On m'a même affirmé qu'il leur faudrait deux mois pour se remettre du choc de l'ouragan. Le temps certainement de mener à bien leur psychanalyse. C'est dommage pour le moins que les coqs, eux, n'aient pas été traunatisés et qu'ils continuent à fanfarroner nuitamment.

En fait, j'y pense mes poupoules ont peut-être été internées dans les provinces du centre pour leur thérapie dans la bien nommée et véridique clinique d'insémination de Sancti Spiritu, une clinique d'insémination du Saint Esprit. Il fallait vraiment être cubain pour oser. Pourquoi leurs chères poules n'y auraient-elles pas droit ?

Néanmoins les coqs eux n'ont pas eu peur, vu comme ils hurlent, ils sont juste un peu décalés dans le temps et chantent toute la nuit. Et dire qu'avec tout ca ils ne sont pas capables d'inséminer. Je pencherai en fait plutôt pour la thèse du coq castrat, chanteur ça oui mais pour le reste...car il est vrai que les mâles ici se montrent plutôt actifs d'habitude dans la fanfaronade et la drague.

D'une manière générale les concepts à la mode dans nos beaux pays du premier monde seraient pour le moins inadaptés ici, les régimes spéciaux, sans gluten, sans lait, hallal, Kosher, et je ne parle pas des produits bio. Ici tout est bio et sort de la terre, la salade est pleine de bestioles, les légumineuses sont fangeuses et il faut les baigner longuement avant de pouvoir les éplucher. Evidemment, on nous recommande de les laver et les cuire à l'eau minérale voire filtrée...Pour autant je doute qu'elles aient été arrosées avec de l'eau minérale ou filtrée.

Plus sérieusement, il semble qu'une poule apeurée ne soit plus capable de pondre malgré les assauts de ces messieurs, et traumatisées par Mme Irma nos poupoules en seraient devenues stériles. Il n'y pas de quoi en faire un plat, sauf que plus d'œuf signifie plus de poules et donc plus d'œufs, ouhlala nous voilà mal partis....

Mais ce qui laisse pantois c'est la raison officielle de la disparition de nos chers œufs. Selon les canaux informés, les poules auraient été emportées par l'ouragan. Se seraient-elles envolées, volailltilisées, mystère. Jamais je n'aurais imaginé qu'une poule puisse voler, et jusqu'où ? Car si elles sont allées chercher refuge sur une autre ile, les choses ont dû se compliquer, la région entière ayant été ravagée par les cyclônes. Et si elles ont cherché refuge sur le continent, cela me parait bien loin pour leurs petites ailes. Ce qui est sûr c'est qu'on ne les voit plus et que les œufs ont détalés des étals. De petits malins prétendent que les autochtones affamés et énervés par les coupures d'eau et d'électricité, épuisés par les vents et les pénuries alimentaires, se sont vengés en se faisant les dents sur toutes les poules passant à proximité.

Quelqu'en soient les raisons, le résultat est indéniable. Après la pénurie de farine, de papier hygiénique, de lait, Cuba est en train de vivre un manque dramatique, celui de la gallinacée et au-delà de celle-ci de sa progéniture. De là la question éternelle, Qui précéda l'autre la poule ou l'œuf ? Qui a fui en premier la poule ou l'œuf ? Qu'est ce qui est le plus grave, manquer d'œufs ou manquer de poules ?

Sainte Barbe

La terrible nouvelle est tombée en pleine nuit ce 25 Novembre 2016. L'homme au survêtement et à la barbe, que l'on croyait mort et empaillé depuis des décennies déjà, est officiellement mort. Plus formidablement, il a été enterré le 4 décembre de l'an de Grâce 2016, jour où chez nous dans notre lointaine et glaciale France est célébrée la Sainte Barbe. On est bien d'accord la Sainte Barbara offre moins d'ironie mais la traduction française ne laisse de me faire rire. Enterrer le roi des barbus le jour de la Sainte Barbe il y a de quoi écrire un petit billet que peu ou pas de journaliste à ma connaissance n'ont relevé. Ils se sont ingéniés à ironiser sur la présence royale de Ségolène mais aucun n'a trouvé la date de l'enterrement cocasse.

Le départ pour l'au-delà du *colosse de la pensée* comme l'appellent les radios locales a mis en émoi un peuple au complet. Ou pour coller au mieux à la vérité, il a fait dire aux médias étrangers que le peuple cubain en son entier était en larme. Dans la vraie vie, les officiels et institutions pleuraient le dictateur disparu, mais peu dans la population sanglotaient véritablement. En tous cas dans la capitale.

Avant cela, il me faut revenir sur les neuf jours de deuil national qui ont honoré la mémoire du défunt. Le peuple cubain s'est rassemblé en masse sur la place de la Révolution, s'est targuée la presse locale. Certes, mais encore faut il dire qu'une bonne partie de la foule était constituée de touristes excités de participer à l'Evènement historique. L'autre partie, nettement moins excitée est arrivée dans des *guagua* (prononcer wawa, bus locaux particulierement confortables, je conseille vivement moi qui les emprunte couramment puisque je n'ai pas de voiture, ni de chauffeur, ni d'autre moyen de transport) affectées spécialement à cet effet. En effet, tous les transports publics ont été réquisitionnés pour emmener (activité obligatoire s'entend) des représentants de chaque corporation signer les cahiers de condoléances de la place de la Republique. La place a été envahie, comme lors de toutes les manifestations d'envergure, de jeunes obligés de monter dans des camions venant les chercher dans les écoles. Des jeunes auxquels on a distribué des sandwichs et drapeaux. Les travailleurs, eux aussi, ont été obligés de rendre un dernier hommage en faisant la queue pour aller signer les registres disposés dans les bureaux et les CDR. Ce joyeux défilé permettait de vérifier qui allait signer.

On peut souligner la spontanéité de l'hommage. A la télévision locale, certains Cubains interrogés se vantaient d'avoir fait neuf heures de queue juste pour aller signer le registre sous une photo du *Commandante*. Et le soir officiel de *l'acte massif* (tel est le nom donné à la cérémonie, le grand évènement pour faire simple) il y a avait certes du monde sur la place mais rien d'épouvantable, j'ai d'ailleurs pu retrouver plein de gens connus (des étrangers pour la majorité) ce qui veut bien dire que la foule était clairsemée. Et les jeunes étaient assis conme pour attendre un concert de leur idole. Aucune émotion ne transparaissait, pas une larme. Plus de touristes venus profiter de l'instant historique, de curieux en mal de sensation que de cubains pour lesquels la page est déjà tournée.

En décembre 2016, dès la mise en bière du grand frère Fidel, on a pu assister à un tour de vis sur l'île, afin de bien faire sentir que ce n'est pas la peine d'imaginer que maintenant on va rigoler. Outre les petites lois restrictives, les *CDR (comités de Défense de la Revolution)* sont survoltés. Pas plus tard qu'hier, nous avons eu droit à une jolie petite fête des pionniers reconnaissants devant la maison, avec chants poignants honorant la mémoire du disparu et hymne au régime. Le timing devait être un peu juste car les pionniers ont à peine eu une journée pour remplir le petit parc en face de chez nous de leurs détritus et remplir mes oreilles de leurs poésies édifiantes, les marchands de sandwichs au graillon odorant ont à peine eu le temps de me faire m'évanouir d'horreur que le ciel leur est tombé sur la tête. La violence des pluies me rend relativement sereine sur le déroulé du week end….

Finalement, La seule que j ai vue éplorée me pose un problème. C'est une Cubaine qui fait partie du groupe de sport dont je suis membre, des bonnes femmes expatriées comme moi qui avons vraiment le sentiment d'avoir notre indic parmi nous…

La vraie marque de respect de douleur est venue du silence, c'est un luxe si inhabituel à Cuba. Et aussi une vraie découverte : les Cubains sont capables après tout de parler sans hurler, de vivre sans musique à fond, de limiter le bruit des moteurs. Ce qui paraissait inenvisageable jusque là. Comme quoi, l'autorité peut avoir du bon pour les oreilles.

Et puis, l'on me demande si l'effervesence s'est emparée du pays et bien non. Feu le *Commandante* a bien sûr été honoré sur la Place de la Révolution comme je le soulignai à l'instant. Mais en dehors de la grosse semaine d'abstinence obligatoire, il ne se passe rien. Comme si le pays avait besoin de se reposer de cet interminable règne.

Non la page n'est pas tournée brutalement comme le voudraient les médias français. Nous les Français, nous sommes décidement d'incorrigibles révolutionnaires qui désirons voir tous les peuples rejouer ce que nous avons initié en 1789.

Dans les faits, sur place, rien ne bouge ou si lentement, à coup d'un pas en avant, deux en arrière, Le gouvernement autorise des autoentreprises (les *cuenta propista*) mais pour mieux les limiter, les affranchit d'impôts les deux premières années d'exercice, mais les assome la troisième année, laisse les gens s'exprimer puis remet un tour de vis brutal en emprisonnant tous ceux qui ont eu le malheur de se lâcher…

Alors qu'est ce qui a vraiment changé depuis la Sainte Barbe ? Les magasins sont certes plus remplis mais c'est peut-être la fin de l'année, et l'approche des Fêtes. Et il faut voir ce qui les remplit, les usines du nouveau grand frère, le Chinois. Alors on trouve des choses extraordinaires en cet hiver 2016 des chips de crevette, des petits pois au wasabi, de la sauce soja à gogo mais à des prix édifiants. Tout plein de produits, des voitures aussi, qui nous montrent bien sous quelle bannière se profile l'avenir, surtout si les Etats-Unis continuent à se trumper de politique étrangère… Il ne faut pas s'emballer non plus, cette soudaine profusion en magasin n'est que relative et peut être conjoncturelle. Maintenant je ne sais pas ce que fait le cubain moyen avec un salaire de quinze à vingt dollars mensuels, quand la moindre boîte de biscuits coûte deux à quatre dollars minimums. Ou si en fait, j'ai une idée assez précise de ce qu'il fait. Il fait ce qui n'était pas concevable il y a quinze ans parce qu'en ce temps là il avait peur : il rackette, il resquille, il vole. Oh pas grand-chose, mais depuis peu, la corruption, la vraie, et la délinquence se sont imposées dans le pays. Ainsi les Cubains me racontent ils que pour obtenir un permis de travail, un visa, un rendez-vous chez le médecin, il faut apporter des cadeaux. Pour faire sauter une amende, garer sa voiture, on vous demande chaque fois plus cher. Ainsi quand ce n'est pas la famille qui aide depuis Miami, ce sont de petits expédients qui

permettent de subsister. Dans les magasins, les produits sont entamés, les détergents aux trois quart pleins, moussent d'avoir été coupés d'eau. Les bouteilles vendues ne sont jamais scellées.

En revanche plus de mangues ou d'avocats, encore moins de produits locaux qu'avant si cela est possible. Et puis Noël qui était interdit est en passe de devenir incontournable. Les jeunes sont dotés de portable dernier cri, les filles sont habillées comme Beyonce, des crèches énormes décorent les rues mais le Cubain lambda lui continue à se racler la gorge comme s'il ramonait une cheminée, les bus sont toujours en retard et l'essence aussi polluante. Ah si la mode a changé, la mode pileuse en fait. Il y a quinze ans, nous avions connu cette charmante mode qui consistait pour les femmes non mariées à exhiber une bande poilue juste sous la minijupe. Exercice périlleux car il exigeait soit de ne pas changer de jupe soit de porter toujours des jupes de la même longueur, ou plutôt de la même courteur. En 2016 il semble que le poil ne soit plus sexy.

Autre changement notable, l'accroissement des différences, avec l'apparition d'une classe moyenne, l'enrichissement de certains et la paupérisation des plus pauvres, bizarrement les plus sombres de peau. Il y a fort à parier qu'eux auraient tout à perdre d'un changement brutal....

Vide sanitaire

Les toilettes des italiens ou comment enfumer le capitaliste qui sommeille en nous….

Voilà maintenant que je m'occupe de retaper mon petit logis, je vois l'envers du décor…je ne sais pas s'il n'est pas encore plus chouette que l'avers. Aujourd'hui, réunion dans une des agences qui nous fournit des logements. Nous avons les pires difficultés pour nous loger dans la capitale cubaine. Surtout que les appartements ne sont souvent pas habitables pour des tas de raisons rocambolesques. Par exemple les toilettes ne sont pas utilisables car selon le gestionnaire d'immeuble elles sont italliennes et, comme chacun sait, les italiens sont plus petits que les autres et ont donc des toilettes plus petites que la moyenne mondiale. Un peu agacée par le syllogisme, je demande au prestataire quelque peu choqué, il va s'y habituer, si les Italiens, parce qu'ils sont plus petits, ont des commisssions moindres et donc des tuyaux plus minimalistes. Plus sérieusement, je lui annonce que je suis allée faire un tour en personne dans les appartements pour vérifier les sanitaires. Et j'ai découvert que seul le flotteur de la chasse d'eau posait problème et qu'une petite commande chez le fournisseur ou dans n'importe quel magasin de bricolage du premier monde nous empêcherait peut-être de dépenser beaucoup, beaucoup d'énergie pour rien.

Mais les locaux, eux, ont une méthode infaillible dans une situation comme celle-là. On gèle la situation en bloquant tout. L'appartement est déclaré non habitable donc on n'y met personne mais surtout on ne règle pas le problème, ce serait trop compliqué. Du coup, avec le temps, le problème se dilue, on l'oublie en partie et lorsqu'un beau jour, beaucoup plus tard, il est exhumé on a un vague souvenir de sa réalité que l'on rhabille différement. Cela donne lieu à toutes sortes de recréations fantaisistes.

Ainsi, pour mon appartement avec une toilette dont le flotteur est non fonctionnel quand, dans six mois, on se souviendra qu'il est vide, on m'expliquera qu'il n'est pas habitable car il n'y a pas de carreaux dans la salle de bain. Bizarrement d'ailleurs, l'équipement de cet appartement, pour le reste en parfait état, aura peu à peu et subrepticement disparu. Ce qui fait qu'un appartement dont le problème pourrait etre résolu assez facilement maintenant deviendra pour le coup complètement inhabitable très rapidement…

De toutes façons, si l'appartement et sa tubulature sont par miracle en état de fonctionnement à la livraison, l'ensemble est en général si mal monté qu'après une semaine d'utilisation, le tout commence à goutter inexorablement. Avec un peu de chance, on se rend compte assez vite que le robinet est mal posé, que les joints manquent, que le tuyau est percé. Sinon il faut attendre le pourrissement du mur, le dégât des eaux chez les voisins et les infiltrations, l'odeur de pourriture et l'apparition du salpêtre pour se rendre à l'évidence. Quoi qu'il en soit tout se réduit toujours à des problèmes de tubes à la Havane.

Du coup, armée des meilleures intentions, et consciente que je ne trouverai pas de mécanisme de chasse d'eau sur l'ile mais au moins peut être un sanitaire complet, j ai essayé de trouver des toilettes neuves pour l'appartement et il a fallu que je fasse le tour de toutes les boutiques, ou supposées telles, de la ville. Le problème c'est que soit les boutiquiers n'avaient pas eu ce produit en stock depuis tellement de temps qu'ils n avaient pas idée de ce que je demandais, soit le modèle d'exposition était epuisé, ou encore il ne s'agissait que d'une exposition. Ça c'est un concept local que j'ai du mal à comprendre.

Dans ce pays, on trouve deux types de magasins. D'une part les boutiques d'état anciennes ou pas un occidental normal n'aurait l'idée d'entrer sinon pour poster des phtos sur son compte Instagram. Dans ces boutiques, ne se vendent en monnaie locale que du rhum sans étiquetage ou du sucre qui git en vrac sur un comptoir hors d'âge et répugnant. D'autre part, des boutiques en devises dans lesquelles sont vendus à prix d'or des produits occidentaux en bout de course. C'est ici que les enseignes occidentales liquident leurs collections des trente dernières années tout en pratiquant des prix que plus un de ces jeunes capitalistes barbus n'accepterait de mettre dans des vêtements ou des produits de marque. C'est ici que les enseignes d'hypermarchés liquident leurs marques repères en bout de course ou défectueuses. Tout cela a prix d'or puisqu'il s'agit de produits importés et donc introuvables. Qui dit que le colonialisme n'existe plus ?

Pour l'équipement de la maison, le problème est encore plus complexe. On commence à trouver à la Havane des magasins d'exposition pour des marques inconnues ailleurs ou avec des modèles sophistiqués de lave linge russe des années 1950 et en l'occurence puisque c'est mon problème pressant si je puis dire, de toilettes…

Je me suis donc rendue dans un magasin où, miracle, des toilettes étaient exposées. Il a fallu plus de deux heures pour acheter ces fameuses toilettes, une demi-heure pour comprendre que si des exemplaires étaient en exposition, il n'y avait pas de modèle en vente. Baladée de vendeur en vendeur car le premier ne s'occupait pas du produit, le second ne savait pas, le troisième était en pause, la quatrième parlait avec ses compagnonnes de travail. Pas vraiment de travail mais bon elle papotait, fallait quand même pas exagérer et la déranger pour un renseignement….

Enfin le specialiste est arrivé, certes d'un pas nonchalant, il devait sortir d une affaire urgente genre sieste mais il ne connaissait malheureusement pas les prix. …

Et de toutes facons il ne risquait pas de les avoir car comme l'Etat n'était pas d'accord avec le responsable du magasin qui lui n'était pas d'accord avec son fournisseur. Bref, on attendait que le produit devienne caduque pour pouvoir le commercialiser, ou visiblement que la génération en posture d'acheter la toilette exposée soit trop grande pour s'asseoir sur le siège vu ce qui a été acheté dans l'immeuble par les nos amis italiens.
Ce qui est quand même très réjouissant à Cuba c'est que se produisent des épisodes que le pire du pire des scénaristes n'oserait même pas imaginer tant ils paraitraient invraissemblables….

Heureusement je n'étais pas en quête de beurre, mais j'imagine que le processus aurait été identique. Je comprends mieux pourquoi le lait qui arrive en magasin et est mis en vente est déjà expiré. De toutes façons, on n'a pas vraiment le choix pour les produits alimentaires et l'on achète que si l'on trouve en magasin ou si des anglo-saxons vendent les produits qu'ils ont en trop, ou dont ils ne veulent plus car ils sont vraissemblablement expirés. Le nombre de fois où je me suis fait avoir par la bonne mine de nos collègues anglophones ne se compte plus. Non que je n'aime pas les saxons, mais quand même ici à Cuba leurs travers et notamment leur propension à vouloir gagner de l'argent envers et contre tout ne les montre pas sous leur meilleur profil…

J'ai beau chercher l'éthique du capitaliste je ne la trouve pas derrière l'étiquette de prix.

Bref j'en reviens à mes toilettes pour lesquelles après avoir attendu une bonne heure que la personne en charge, suffisament motivée se manifeste pour accepter de me renseigner sur le produit, s'est posée la problématique de la disponibilité. Après avoir examiné une dizaine de produits non vendables, avec la jolie expression *esto no sirve* (celui-ci est inutile) notre vendeuse de choc nous a donc isolé ce qui lui paraissait improbre à l'achat, soit parce que vraiment le produit n'avait pas suppporté les trois mois de voyage et les vingt ans de stockage, avait pâti de l'emmagasinage aléatoire, de la chaleur, des chocs ou avait eu le temps de perdre en cours de route quelques pièces superfétatoires du type flotteur, couvercle, soit parce qu'il avait été mis de côté pour un soit disant défaut par le cousin de la tante de celui qui en rêve depuis l'avènement de la Glorieuse Révolution. Après avoir attendu la personne *ad hoc*, j en étais à attendre de trouver le produit en vente…quand enfin je suis tombée sur la double perle rare. Malheureusement, il s'agissait du dernier de la sorte et par conséquent il n était pas vendable il fallait attendre le réassort. J'aurais dû m'en douter.

Bien sûr un scénariste en panne d'inspiration, un accroc du shoppping, un solitaire en mal de contact humain, un misanthrope désireux de vérifier la validité de ses théories antisociales ou encore un retraité qui n'aurait rien à faire, pourrait trouver du charme à ce type de situation. Bien sûr, dans ce cas on peut rire, et dire qu'on reviendra ou recommencer le même cinéma dans un autre « centre commercial » à l'autre bout de la ville en remerciant le ciel, ou les instances supérieures de l'existence de tels centres. Car lorsque l'on parle de centre commercial à Cuba, on se réfère à une demi-douzaine de cahutes accolées les unes aux autres dans un terrain vague, chacune affectée à la vente de produits spécifiques, boites de conserve, ou fours micro-ondes, ou papier hygiénique ou chaussures. On peut aussi se précipiter au lavoir, dans la rivière, dans la mer ou à l'aéroport pour se jeter dans le premier avion en partance pour un pays dans lequel consommation courante signifie quelque chose….

Mariage à la cubaine

C'est à se demander si tous ces messieurs ne sont pas devenus fous. Le soleil ou l'humidité, la torpeur alcoolisée leur seraient ils monté à la tête, ou pire dans cet appendice caché derrière une fermeture éclair qui empêche les informations de remonter au cerveau ? Ou pour être plus précis, ne laisse remonter au cerveau que les désirs et envies primaires au détriment du sens commun.

Quel que soit leur statut, leur origine, ils sont nombreux à craquer pour les saveurs locales. En consommation directe dans le pays, sans rapporter de souvenirs pour les plus aguerris, avec des dommages colatéraux pour d'autres qui n'hésitent pas non seulement à tromper allégrement leur conjoint(e) parfois aux vus et sus de toute leur communauté, mais aussi à le ou la laisser en plan dans son pays d'origine ou sur les lieux mêmes. On en a vu de ces Français de l'étranger partis à deux, voire en famille, laissant conjoint et enfants rentrer précipitamment pour mieux se vautrer dans leur turpitude.

Car nous en avons connu un certain nombre de ces messieurs a priori normaux, mariés dans leur pays, voire accompagnés de leur légitime, oublier toute décence. Que Madame soit présente ou restée sous d'autres cieux pour y prendre soin de sa carrière, de sa santé, des enfants communs, des grand-parents, de la maison ou autre, rien n'empêche ces messieurs de succomber aux charmes tropicaux.

Pourtant il faut aimer la quantité et vraiment perdre toute lucidité pour penser qu'une jeune mulâtresse de vingt ans, voire beaucoup plus jeune, puisse tomber en amour pour autre chose qu'un passeport européen ou nord américain ou un portefeuille bien garni. C'est le rembourage de la poche latérale et non celui de la fermeture éclair de devant qui affriole la jeune Cubaine. La perspective de pouvoir fuir en courant les bienfaits de la nation révolutionnaire ou celle de profiter des largesses de ces messieurs en échange de quelques caresses bien distillées les attire et non le charme ineffable du caucasien.

En ce sens, les boites de nuit, bars, hôtels, sont des lieux de chasse particulièrement prisés. Mais les bureaux peuvent aussi servir de décor à ces sombres histoires. Enfin je ne nie pas qu'il puisse y avoir de réelles histoires d'amour, mais trop d'années à Cuba ont un peu assombri mes pensées quant au coup de foudre tropical.

Beaucoup s'y font prendre et ne comprennent pas leur malheur quand la jeune damoiselle les abandonne à leurs portefeuilles vidés. Enfin je parle ici du cas, assez fréquent, du vieux monsieur séduit par les charmes féminins. Mais la dame d'âge mûre représente, elle aussi, une proie de choix pour le jeune mâle local aux aguets. On peut aussi envisager d'autres combinaisons, puisque tout est permis ici puisque tout est interdit. A partir du moment où l'on se comporte de manière illicite autant tout tenter, n'est ce pas ? Le Consul a ainsi fort à faire avec les pauvres vieux, plumés de leurs économies par de jeunes demoiselles qui se sont fait acheter maisons, voiture, parures, bijoux et meubles en échange de quelques menues caresses. Une fois le vieux à sec il est remercié et remplacé par un jeune Cubain resté tapi pendant la lune de miel ou de fiel.

Certains arrivent en connaissance de cause, forts de leurs expériences passées, ramassées pourrait on oser au fil des pays en développement. Et pourtant une pension alimentaire ne leur suffit pas, il faut qu'ils recommencent. L'intempérance n'a décidément pas de cesse. Et ces messieurs, certains pourtant a priori pas trop idiots, médusés par les postérieurs avantageux, les poitrailles généreux, n'hésitent pas à mettre la bague au doigt dès l'annonce de la progéniture.

C'est que tout est pensé pour alléger l'étranger piégé par son manque de scrupules. La loi locale ne permet en effet pas à un étranger d'acheter en son nom de bien immobilier ou de voiture, hormis quelques italiens et Mexicains qui ont réussi à s'immiscer dans une brèche législative entrouverte sur un temps très limité. Qu'à cela ne tienne une gentille cubaine (ou un gentil) est, de manière tout à fait désintéressée bien sûr, à agir en prête nom. Il suffit à l'étranger argenté et, somme toute, peu réfléchi, de débourser une coquette somme pour acquérir une belle demeure coloniale en ruine, ou un appartement prêt à être innondé par les tuyauteries mal fixées, les plafonds non étanches du voisinnage.

Quoiqu'il en soit, il semble que ces acheteurs laissent avec leurs précieux billets tout bon sens dans leur pays d'origine. Quel être doué de raison aurait-il l'idée d'investir ses économies au nom d'une personne qui pourraitr être son enfant voire sa petite fille dans certains cas, qu'il ne connait que depuis peu, dans un pays qui risque de connaitre une certaine instabilité dans un avenir plus ou moins proche. Molière aurait trouvé un plaisir certain à dépeindre ces mœurs…

Et, il y en a de plus en plus de ces investisseurs, qui profitent de la toute relative ouverture du marché immobilier. Mais, c'est faire fi d'un gouvernement pourtant clairement communiste, de la prudence humaine la plus élémentaire mais aussi et surtout c'est se montrer totalement inconscient en l'absence de ressources constructives. Dans une île soumise au blocus depuis près de soixante ans, les matériaux n'existent pas. Il faut partir les chercher à Miami, Cancun ou Panama ou accepter la rapine sur les grands chantiers de construction.

Aux problèmes techniques on peut rajouter les lacunes humaines puisque trouver un artisan compétent, qualifié, honnête, disponible et ponctuel, s'apparente à la recherche du mouton à cinq pattes. Vous pourrez m'objecter qu'une telle quête n'est pas non plus gagnée sous nos latitudes, mais là on ne joue pas dans la même ligue comme dirait l'autre. D'abord parce qu'il faut bien comprendre qu'il y a l'heure officielle, celle des montres, des ordinateurs et puis il y a l'heure cubaine ; Et l'heure cubaine inclut dans son écoulement, la sieste, le petit café, la pause pour parler de sa famille, le retard à l'allumage, le retard de la *wawa*, la grand-mère malade, j'en passe et des meilleures. La disponibilité reprend les mêmes pondérations auxquelles on peut rajouter les urgences administratives et médicales, la course à la nourriture, les autres chantiers ou affaires en cours. La compétence s'apprécie en fonction des outils et matériaux à disposition mais aussi de ceux connus et maitrisés par le soit-disant artisan, son soin, son implication. Evidemment si le jour de votre chantier correspond à un lendemain de cuite, la qualité du travail s'en ressent quelque peu. En fait, on ne peut espérer qu'un vague bricolage dans un logement de l'état mais un bricolage parfois d'une inventivité surprenante dans des chantiers privés. Pourtant, comme il manque toujours quelque chose et que le constructeur finit toujours par grapiller une petite pièce dont il pourrait avoir besoin à titre personnel ou sur un autre chantier, la qualité finale en souffre fatalement.

Bref il faut être bien accroché pour primo acheter au nom de quelqu'un d'autre sans aucune contrepartie, en tous cas aucune disible ici, secundo entreprendre des travaux puis habiter, ou pire, mettre en location puisque le grand jeu est de se lancer dans la grande aventure du airB&B. Je dis grand jeu parce que la *casa particular,* version locale, est lourdement taxée et les licences ne sont accordées qu'au compte goutte mais en plus passer par un site américain pour faire du commerce à Cuba, c'est un peu osé non ?

Enfin, tous les jeunes locaux qui ont réussi à alpaguer un étranger n'ouvrent pas de *casa particular*, certains s'accrochent simplement à leur poule aux œufs d'or pour se faire couvrir de bénéfices du monde exterieur, persuadés que sont les Cubains que tout *yuma,* quel qu'il soit, est milliardaire. Aucune distinction entre le salarié qui aura économisé des années pour s'offrir ses vacances de rêve et le vraiment riche qui accroche Cuba à son palmarès voyage comme d'autres collectionnent les timbres. La nuit tous les chats sont gris, devient à Cuba tous les *yumas* sont riches….

Une fois entiché, l'étranger n'a plus qu'à ouvrir tout grand son coffre fort personnel pour entretenir sa dulcinée, mais aussi la famille, les proches voire tout le quartier. Même ceux dont le rêve est de quitter leur ile, et il y en a beaucoup, finissent par envoyer de l'argent à toute leur maisonnée restée au pays, voire finissent par y revenir. Certains se languissent, pas tous. Certains ne s'adaptent jamais à l'extérieur. Mais dans ceux qui restent à Cuba, nombreux sont ceux qui sont prêts à tout, une fois bien enrichis et sans possibilité apparente de s'enrichir davantage sur le dos du poulet plumé, pour se débarasser de la carcasse et aller roucouler en plus plaisante quoique moins lucrative compagnie….

Le Bloqueo reste bloqué

Ah il a bon dos le *bloqueo* depuis le temps qu'il dur !

C'est facile finalement pour les autorités, dès que quelque chose ne fonctionne pas, c'est-à-dire tout à Cuba, c'est la faute du *bloqueo*, autrement dit du vilain voisin capitaliste, responsable de ce vilain blocus. Le hic c'est que les autorités, dans leur grande sagesse, n'ont pas pris conscience que dans les esprits internationaux, le bloqueo était fini. Que depuis l'arrivée en fanfare de Barak Obama, le blocus avait été levé.

Ainsi tout le monde à Cuba vit dans le mirage de ce fameux blocus décrété par le grand frère américain au lendemain du débarquement raté de la *Playa Gijon*, traduite pour une raison obscure Baie des cochons. En revanche, le reste du monde est persuadé que le blocus a été levé, peut être un peu restauré ces derniers temps mais en tous cas allégé.

Pour le monde extérieur, le blocus a été levé par la bonne volonté des démocrates, même si ce n'est pas le cas et donc il n'y a plus de pénurie à Cuba. Ce qui prouve que les étrangers ne se préoccupent pas réellement de la réalité. Seule compte l'information souvent déformée par la propagande. C'est très agaçant d'entendre dans la bouche de gens qui n'ont clairement pas mis les pieds à Cuba, et en tous cas pas approché la vie quotidienne, que la situation s'est améliorée alors que les pénuries perdurent, que si certaines denrées font une timide apparition dans les nombreuses nouvelles boutiques c'est à des prix tellement hallucinants que le Cubain moyen n'a accès qu'à la vision d'un produit qu'il ne pourra jamais s'offrir. Je parle ici de produits aussi sophistiqués que du shampoing douche, de l'huile ou de la tisane.

On en vient à se demander ce qui est préférable au final. Ne rien trouver dans les magasins ou trouver un peu mais à de tels prix qu'il est impossible d'acquérir le moindre bien qui devient dès lors un objet de fantasme. Fantasmer sur une bouteille de shampoing, il faut quand même manquer de beaucoup de choses…

Pour les Cubains, le blocus est une excuse officielle de l'Etat pour justifier que les produits n'existent pas sur le marché intérieur. Mais comme le Cubain n'est pas plus idiot qu'un autre il sait pertinemment que si les Américains refusent toute relation commerciale avec Cuba, il n'en va pas de même pour les pays alentours.

Coca Cola a des usines au Mexique et le Canada représente l'allié économique le plus fidèle de l'ile. D'ailleurs certains Etats ne s'y trompent pas, tel le Panama qui conscient de la manne représentée par le secteur privé naissant, offre des visas privilégiés pour les *cuentas propistas*. Les aubergistes et taverniers jouissent d'une entrée facilitée en ce pays si complaisant en matière commerciale. Pour peu qu'ils viennent s'approvisionner le long du canal, les Cubains enrichis ont droit à des facilités d'entrée sur le territoire. Ceux ci reviennent de leur expedition au Panama chargé des paquets les plus improbables, meubles en tous genre, électroménager. Les avions sont transformés en grandes surfaces volantes à destination de l'ile pourtant officiellement bloquée.

Alors quel est l'intérêt de ce blocus autoproclamé sur place et nié à l'exterieur ? J'aurais tendance à parler de propagande. Propagande intérieure pour justifier auprès d'une population qui n'y croit plus et n'en peut plus les pénuries. L'objectif n'est pas totalement atteint tant la population, dans son ensemble, semble blasée voire dégoutée. Rares sont ceux qui croient encore au régime, en tous cas dans la capitale.

A l'extérieur, en revanche la propagande est beaucoup plus efficace. Pourtant les fameuses *fake news* de Donald battent là leur plein…A chaque retour en France on me demande si la situation s'est normalisée avec la fin du blocus et quand je réponds que le blocus n'a jamais été abandonné mais qu'il n explique pas à lui seul les soucis d'approvisionnement, on me rétorque que je ne me tiens pas assez au courant. Ce n'est pas possible, les journaux justement en ont parlé la semaine dernière et il y a eu une émission à la télévision sur je ne sais quelle chaine montrant combien Cuba avait changé…Et dieu sait que les journalistes sont bien informés et détiennent la et l'unique vérité….

Quand je vais chez le médecin en me plaignant des mauvais soins subis à la Havane, on me rétorque systématiquement avec une moue dubitative que la médecine cubaine est extrêmement reconnue mondialement. Les médecins m'auscultent en me regardant comme on regarde une bête curieuse qu'il ne faut pas croire et finissent par convenir que le diagnostique ou les médicaments administrés n'étaient peut-être pas totalement adaptés. Et à chaque fois j'ai envie de parler d'intox.

C'est dingue de réussir à faire gober que le pays n'a pas les moyens de nourrir sa population à cause des méchants Américains mais que ceux-ci ne bloquent pas assez pour empêcher de former les meilleurs spécialistes du monde ; et je voudrais aussi qu'on m'explique comment des médecins qui ne disposent pas de médicaments de base, d'imagerie médicale de qualité, de normes d'hygiène basique, qui n'ont pas le droit de voyager pour assister à des congrès ou d'avoir accès à la presse spécialisée peuvent se tenir au courant des avancées de la médecine et se former. Comment des praticiens peuvent-ils au vingt-et-unième siècle travailler sans désinfecter, stériliser dans des locaux plus que sommaires, non par méconnaissance, je le reconnais volontiers, mais par manque de moyens. Que les médecins soient formés je l'entends, qu'ils aient les moyens d'exercer leur art est un autre problème.

Car j'en connais des gens qui, mal plâtrés, ont trainé leurs fractures et ont dû se faire réopérer une fois en Europe. J'en ai vu des maladies mal diagnostiquées ou surtout mal soignées. Mais la propagande est suffisament bonne, et les esprits européens suffisament ingénus pour accepter comme parole d'Evangile toute intox venue d'ailleurs. Le mythe alimenté par Sartre et tous ses admirateurs béats que tout ce qui provenait de l'île tropical relevait du génie est si ancré chez nos compatriotes qu'ils en oublient tout esprit critique dès qu'ils ont mis le pied en ce paradis communiste.

Cela étant, les pénuries ne touchent pas de manière égale la population. Et si tous les privilégiés se tenaient par la main semble un proverbe local, car il sera dit que les manques ne concernent pas tout le monde. Certains se font livrer par des canaux très divers et variés, la fameuse *izquierda*, qu'il s'agisse de fournisseurs externes ou internes à l'île, de magouilles, de voyages. Ceux-là ne manquent de rien, bien au contraire. Et ils n'hésitent pas, plus, à exhiber leur bien-être et leur confort matériel. Mais les autres, la grande majorité s'appauvrissent de jour en jour et assistent au spectacle des inégalités croissantes, de la hausse des prix, sans recours, sans secours.

Et pourtant si les boutiques locales restent vides ou quasi, comment se fait il que les femmes soient si habillées, j'allais dire bien, en tous cas vêtues ou dévêtues d'ailleurs avec tant de recherche, profusion voire extravagance ? Le blocus ne doit pas concerner les vernis à ongle, les teintures capillaires, les téléphones portables. En revanche, il touche de plein fouet le lait, les œufs, les antibiotiques. Et on vient à se demander qui est le plus malfaisant, l'oncle Sam qui ne bloque que les produits de première nécessité ou l'Etat Providence qui empêche son peuple d'accéder aux produits de base pour lui concéder la frivolité. S'agit-il d'une méthode subtile, ou au contraire perverse, pour étouffer la population dans des délices capitalistiques et superflus tout en lui interdisant de satisfaire ses besoins alimentaires, hygiéniques et médicaux fondamentaux ? Ou suis-je,, moi totalement réactionnaire et arriérée pour considérer que les œufs et le savon importent plus dans la vie que le dernier iphone et du maquillage criard ?

Le blues de la Yuma

En France, les amis me disent que je vis au Paradis et que j'ai bien de la chance. Franchement si c'est ça le paradis, ça donnerait presque envie de tester l'enfer, histoire de comparer…Evidemment vu de loin, la tête sous la pluie et les pieds dans les grèves, les tracas administratifs et la bureaucratie française, les plages des Caraïbes font rêver…. Mais d'assez loin quand même….

Car vivre dans une carte postale n'est pas de tout repos. Et je ne parle pas que des aléas climatiques, pluies diluviennes et autres tempêtes tropicales pour ne pas dire ouragans du mois d'Octobre…D'abord parce que finalement notre organisme européen est habitué aux changements de saison, et la touffeur à l'année fatigue un peu. Et puis, comme le disent les expatriéss qui ont vraiment besoin de râler, en tant que Française c'est une seconde nature, quelle frustration de devoir porter les mêmes vêtements toute l'année. Cela dit, vu les difficultés d'approvisionnement, cela facilite le quotidien. Il suffit de ramener des valises de soldes d'été et on est habillé pour l'année. Evidemment si les seuls retours en Europe ou au Canada ont lieu en hiver cela devient plus compliqué. Les bottes de neige ne sont pas nécessaires à Cuba comme on peut s'y attendre…

Plus sérieusement, en débarquant d'Europe, on est sommes toutes, et quitte à déchainer tous les regards inquisiteurs voire réprobateurs, accoutumés à ce que tout fonctionne, et vous avez beau sourire tout fonctionne en France. Certes, il faut appeler quinze mille fois la CAF pour qu'elle réponde, envoyer des milliards de papiers pour avoir un remboursement, râler et menacer des pires sevices pour faire intervenir des artisans. Cependant, tout cela ne sont que de petits ajustements au regard de ce qui peut se passer, ou ne pas se passer d'ailleurs, dans un pays pauvre, Caraïbe de surcroit. Pourquoi cette modération ? Parce que qui dit pays pauvre implique que les gens sont mal payés et donc peu enclins à faire ce pour quoi ils sont si mal payés.et finalement qui leur en voudrait ? Au manque de motivation financière s'ajoute la nonchalance des autochtones, que la chaleur et l'abus de rhum peuvent renforcer. Et le zeste politique qui fait que tout appartient à tous et que chacun apporte sa pierre qu'il essaye au maximum d'alléger à l'édifice au lieu de la cimenter dans les murs de sa propre maison, ajoute le dernier élément à une effectivité professionnelle qui frise le zéro absolu.

Ainsi le simple mot de *mañana*, si courant en espagnol, prend à Cuba un sens plus proche de l'arabe *binshallah* que du demain espagnol, ou français et encore plus éloigné du *Morgen* allemand…Car demain en Europe veut dire demain, le jour après aujourd'hui quoi, alors qu'à Cuba, *mañana*, demain désigne un futur vague plus ou moins proche et improbable qui tend souvent à se fondre dans les brumes de l'utopie. Les invasions sarrazines ont dû laisser plus de traces qu'on ne peut le penser sur la pensée hispanique, à moins que le fort métissage n'y soit pour beaucoup.

Du coup, c'est de loin que l'on se rend compte de la merveilleuse efficacité du système français. Avec une assurance maladie certes hypothéquée mais qui soigne tout le monde sans distinction d'origine financière, géorgraphique voire nationale, sauf les ressortissants de retour au pays et coupables de l'avoir déseté, de merveilleuses écoles et universités gratuites pour tous, des kilomètres de routes bien entretenues, des crèches suréquipées et propres, un système d'assurance chomage dont nous n'aurons jamais le droit de profiter mais qui attire de partout dans le monde plus encore que le patrimoine cuturel, de magnifiques bibliothèques avec des livres. J'en deviendrais lyrique…

Car oui à Cuba il y a des routes mais refaites à chaque changement de régime…actuellement ces routes ressemblent à des gruyères post apocalypse et il faut être champion en slalom pour pouvoir se sortir des arcanes du goudron. Il y a des écoles, mais pas de professeurs, restés dans les pays « amis » pour ramener des devises au pays. Ou des écoles dans un tel état de vétusté qu'il faut vraiment aimer le salpêtre, l'expérience sociale ou ne pas avoir du tout le choix pour songer à y laisser ses enfants. Aussi, ceux qui peuvent trouver une autre solution n'hésitent-ils pas. La course au mari étranger permet ainsi de briguer une place dans une école étrangère, avouons il fallait y penser. D'ailleurs les Cubains qui ne sont pas tous nés du dernier cyclone se mettent comme tous les parents du Premier monde à abreuver leur progéniture de cours particuliers, anglais, mathématiques, danse, tout pour échapper à la norme locale. Un peu comme nous, dans nos pays tellement civilisés finalement. Incroyable le nombre d'enfants « français », en fait complètement cubains, boursiers à l'école française juste parce qu'un petit spermatozoide labellisé hexagonal a du rentrer en contact avec un ovule local…

Certes il y a des hôpitaux mais pour les avoir fréquentés, je me suis prise d'un amour indéfectible pour le système médical français. Et puis comme pour l'éducation, les meilleurs médecins, lassés de gagner des salaires de misère sont partis vers d'autres contrées plus généreuses, ou même se sont reconvertis dans les services touristiques, voire pire dans l'entretien des hôtels pour touristes où les pourboires leur rapportent plus que l'exercice de la médecine….

Evidemment, pour tenir le coup malgré les affronts de la vie, les Cubains ont une manière de voir les choses disons très rafraichissante. Ils tournent beaucoup à la dérision et axent pratiquement tout sur le sexe. Du coup, l'esprit occupé par la partie basse de leur anatomie, ils ont moins d'énergie pour se plaindre du reste. En France, quand le bâtiment va tout va, dit-on souvent, à Cuba quand le sexe va tout va…. Quand on les dit *caliente* ils sont…brûlants…du chauffeur *d'almendron* qui malaxe le genou de sa voisine qu'il vient de confondre avec son levier de vitesse, au cycliste qui suit tout ce qui porte jupe, à la professeur de yoga qui voulant offrir un moment de méditation bien mérité à ses élèves leur lit un texte sur les vertus aphrodisiaques du céleri. Tout, tout, tout ramène en dessous de la ceinture ...

Alors, certains jours on se sent esseulé à Cubain en tant que *Yuma*. Le *yuma* c'est l'Américain crétin mais gentil et pour le Cubain tout étranger est un *yuma*, donc gentil et crétin. Et comme tel, on peut tout lui faire gober ou lui faire subir, toute sorte de mensonge, voire d'offenses. Comme il est gentil, et riche, et crétin, il n'a pas à se révolter et surtout il ne comprendra pas que l'on se moque de lui.

Forcément, pour survivre, on ferme les yeux mais certains jours la moutarde vous monte au nez. Parce que vous avez moins bien dormi, ou que monsieur était de mauvaise humeur,, ou vous ou que vous avez recu de mauvaises nouvelles de là bas chez vous, ou pour des raisons plus propres au pays, les gens qui mettent la musique à fond à deux heures du matin en pleine rue et vous réveillent en sursaut, le type éméché qui déclare sa flamme à toutes les femmes de la nuit, le chauffard qui fait pétarader indéfiniment sa vieille voiture en diffusant dans l'air des émanations qui relèguent le nuage de Tchernobyl au rang de vasporisation légère.

Ces jours là, comme par un fait exprès, toutes les petites joies qui font de la vie à Cuba une somme de petites misères parfois difficiles à supporter semblent s'ajouter les unes aux autres pour conduire à la question fatidique, mais que suis venue faire dans cette galère. C'est donc après ce type de nuit agitée, et où la moiteur vous a de toutes façons empêché de trouver un sommeil réparateur, que, sur le petit matin, vous sombrez enfin dans les bras de Morphée pour être réveillé une demi-heure plus tard par le concert de coqs, le vendeur ambulant de biscuits ou de balais qui hurle le détail de sa marchandise, la voisine qui invective l'homme avec lequel elle a eu la malchance de passer ou de ne pas passer la nuit. Alors vous finissez par vous lever, parce qu'il le faut bien, pour vous rendre compte qu'il n'y a plus d'eau ou plus de gaz. C'est forcément ce jour que choisit la concierge pour vous parler de travers. Dommage elle aussi a mal ou pas dormi, ou elle vous regarde d'un air entendu en ricanant avec la femme de ménage dont la fonction professionnelle ne présage en rien de ses occupations. Car pour elle, le balai n'est que décoratif. Faute de produits ménagers, ou d'envie ou d'énergie, elle reste appuyée nonchalemment à son ustensile toute la journée pour commenter et rapporter tout ce qui se passe dans l'immeuble.

C'est forcément ce jour où vous avez l'impression que le monde vous en veut, que vous décidez que, non le sort n'aura pas raison de vous, et que vous sortez votre destrier, le vélo pourri vietnamien mal monté en kit acheté une fortune à une étrangère peu scrupuleuse. Mais forcément, c'est aussi le jour où, à peine sorti sur le vélo vous vous prenez l'orage du siècle, avec les voitures qui projettent des gerbes d'eau sale, alors que les molosses du quartier ne cessent d'aboyer et de vous poursuivre en montrant les crocs. Ce sont ces jours de chaleur moite où la touffeur semble sortir de la terre copieusement arrosée.

Alors on s'accroche, on range le vélo et on met les bottes et on sort en se disant que faire quelques courses vont nous changer les idés et nous mettre du baume au cœur, le peuple cubain est si plaisant lit on dans les brochures touristiques…ça ils sont souriants mais parfois mieux vaut ne pas trop comprendre ce qu'ils racontent… alors un de ces matins calamiteux ou nous vient l'idee peu lumineuse de nous remonter le moral en sortant à la rencontre de ces merveilleux cubains. Seulement voilà à Cuba, si on n'est pas cubain, on ne le sera jamais et on ne sera jamais respecté… et le sort de l'étranger résident n'est pas forcément le plus agréable…comme si le peuple cubain tentait de se venger de toutes les frustrations subies en humiliant le nanti…

Car être étranger à Cuba, et pire être *yuma*, c'est-à-dire non hispanophone, c'est se sentir systématiquement harcelé. Les hispaniques, eux, jouissent d'un statut un peu différent, déjà parce que comme ils parlent la langue on peut moins facilement les entourlouper.

Etre étranger à Cuba, et pire avoir la tête d'un *yuma*, c'est se faire accoster en anglais en permanence, c'est avoir cette tête de bande dessinée avec des dollars à la place des yeux et du cerveau, c'est payer le double sur les marchés, se faire prendre pour un imbécile en permanence, passer pour une vache à lait qui ne comprend rien. Un de mes vieux amis havanais qui ne ressemble pas à un Cubain et accentue l'impression en s'habillant comme un touriste avec chapeau de paille et chemise hawaienne m'a raconté s'être fait arrêter par une *jinetera*, une prostituée en d'autres termes, de trente ans sa cadette, prête à l'épouser tout de suite, jusqu'à ce qu'il reprenne son accent cubain pour lui dire qu'il était inspecteur de police et qu'il allait la mener au poste….

Etre étranger à Cuba c'est devoir attendre que la caissière ait fini de causer à l'autre caissière, quand on va faire les courses, c'est ne pas s'énerver si des cinq employés de la boutique pas un n'est disponible pour vous parce qu'on est lundi et que le lundi on débriefe du week end et de la fête de la grand mère et qu'on a remis les enfants à l'école mais tu sais la petite à la fièvre… ou parce que c'est mardi et qu'on ne s'est pas remis du week end, ou jeudi… C'est sourire quand même lorsque la caissière exige, en vous hurlant dessus, une identification parce que vous avez osé dégainer un gros billet, avec la rudesse de la communiste planquée derrière son guichet et pour laquelle le manque d'amabilité n'aura aucun effet sur la maigre fiche de paye.

Etre étranger à Cuba, c'est devenir paranoiaque, rentrer chez soi par l'escalier et voir le gardien surgir au rez-de-chaussée de l'immeuble pour vous donner le journal et vous signifier qu il vous a vu rentrer par le garage, ou vous demander si vous comptez ressortir aujourd'hui et combien de personnes vous allez voir. C'est accepter que la femme de ménage quand elle vient, c'est-à-dire quand sa grand-mère n'est pas morte, son fils n'est pas malade et que la *guagua* est passée, vous épie, et rerange systématiquement vos armoires. C'est aussi accepter ou réexpliquer chaque semaine que non on ne nettoie pas un salon en balançant des seaux d'eau entre les rideaux et les meubles….

Etre étranger à Cuba c'est se rendre compte qu'on est étranger pour les Cubains mais aussi pour sa propre communauté dont les huiles représentatives n'ont visiblement pas compris que, outre les petits fours et les coktails entre gens du même monde, leur mission pouvait aussi être d'aller à la rencontre de leurs ressortissants, de les tenir informés des activités culturelles, économiques voire des dangers climatiques. Enfin c'est déjà bien rassurant de voir combien l'argent public est si bien employé pour les soirées mondaines et les habitations luxueuses de nos diplomates. Cette caste de nantis parmi les nantis semble se barricader à l'abri de ses congénères mais aussi des autochtones. Il faut dire que le gros de la communauté francaise voire européenne à Cuba est constitué par de célibataires qui se sont laissé séduire et plumer par des Cubains et qui, denués de ressources (pour les hommes) ou chargés de bambins (pour les femmes) sont contraints de rester à résidence dans l'ile…

Mais être étranger à Cuba c'est aussi bénéficier de toutes les joies de la vie des Cubains, le sourire en moins, à savoir les mêmes files interminables, les mêmes pénuries, les mêmes prix délirants qui gonflent en fonction des besoins du pays, gonflent, enflent régulièrement, parfois énormément, sans logique, sans amélioration de qualité, sans explication. C'est courir sans arrêt pour trouver le produit incroyable dont on a besoin et qui fait défaut, en général un produit tout à fait superfétatoire, genre lait, farine, papier hygiénique, ou œufs. Ces manques alimentent d'ailleurs, à défaut des rayons, toutes sortes de rumeurs toutes plus délirantes les unes que les autres. Il n'y a plus de papier parce que l'usine a fermé. Ce qui est réjouissant puisque cette nouvelle indique qu'il y a eu un jour une usine. Ou il n'y a plus d'oeufs car les poules se sont envolées. Mieux encore, il n'y a plus de laitage car les vaches n'ont plus rien à manger. Et la litanie continue. Il n'y a plus d'essence à cause la crise au Vénézuela. Car s'il n'y a plus de denrées, les explications elles ne manquent jamais. Toutes plus farfelues et mensongères les unes que les autres. Les Cubains le résument en riant, « dans *Granma*, le journal officiel, seule la date est vraie ». Le point positif est que s'il n'y a plus d'essence il n'y a au moins pas d'émanations polluantes et irrespirables….

En fait il suffit de suivre la queue pour voir ce qui manque. Ce pourrait presque etre un jeu. L'ennui est que parfois on n'a plus trop envie de jouer.

.

Etre étranger à Cuba c'est à l'image d'un repas au restaurant où malgré les menus alléchants on ne peut généralement manger qu'un plat de porc bouilli riz haricots rouges à rendre végétarien ou anorexique avec la grimace et le prix spécial *yuma* en plus. En fait, le menu des restaurants est souvent l'objet de plaisanterie. Quels que soient les mets offerts, les restaurants n'offrent souvent que du poulet, du riz et des haricots rouges. Et on en vient à se trouver tout surpris lorsque le restaurateur vous confirme qu'il peut vous préparer un plat de lasagne alors que depuis un an il sourit d'un air piteux à chaque fois que vous lui demandez si aujourd'hui les plats à la carte sont disponibles.

La surenchère de la compassion

Il se passe quelque chose d'extraordinaire à la Havane. Comme si la ville décuplait les bonnes intentions. Enfin pas dans toutes les communautés. Là où les Anglaises s'asseyent sur leur bonne conscience et profitent de tous les instants pour faire du profit, les Françaises, elles, se renferment précautionneusement sur leur petite communauté. De leur côté, les Espagnoles semblent prêtes à tout pour donner plus.

Quand je parle de communautés évidemment je généralise, il y a des françaises généreuses, mais la majorité roulent pour leur paroisse, comme le dit avec humour une amie madrilène, elles donnent beaucoup d'appui spirituel et de conseils. Les clans ne se mélangent généralement pas, puisque les Françaises de la paroisse ne se hasardent pas avec le groupe des mamans d'élèves même si techniquement elles en font très sérieusement partie, ni avec celles qui travaillent, pas plus que les épouses d'ambassadeurs ne frayent avec les femmes de gendarmes.

Mais il existe des zones de recoupement ou de rencontre de la communauté comme l'école, certains restaurants italiens, quelques plages et pas les autres, la boulangerie qui a eu l'idée géniale de se mettre à la baguette.

Les anglaises et anglo-saxonnes d'une manière générale, elles, gravitent autour de l'école internationale, du club diplomatique, des grands hôtels internationaux. Elles aident, s'apitoyent. Mais généralement leurs réseaux sociaux sont saturés des objets les plus insolites à vendre plus que des appels à l'aide ou des offres de service. De la paire de bottes de neige usagée, aux livres d'enfants écornés, des meubles ikea vendus d'occasion le double de leur prix d'achat, des sacs publicitaires vendus comme des sacs de marque, des boites de céréales bradés certes mais périmés depuis un an, tout est à vendre et souvent plus cher que des produits neufs dans n'importe quel autre pays. Et pourquoi ne pas profiter de l'absence de produits pour s'enrichir en vendant le contenu de sa cave ou de son grenier ?

Les Espagnoles quant à elles, s'organisent autour de leurs églises et essayent de vaincre l'un des tabous du pays. Comme chacun le sait, grâce à l'état communiste, il n'y a pas de pauvreté à Cuba. Pourtant, bien que ce soit interdit et impossible et surtout inavouable, certains ont à peine de quoi manger, certainement pas de quoi s'abriter et encore moins de quoi se vêtir. Mais comme tous les cubains aiment leur pays qui est le meilleur pays du monde et offre le meilleur modèle de vie, tous affrontent leur destin avec le sourire et les quelques rares mécontents sont rapidement soustraits de la vue des passants.

N'écoutant que les enseignements du Christ, visiblement un peu mis de côté dans le les pays tempérés du Nord, nos amies hispanophones aident les prêtres pour secourir les personnes agées en manque de médicaments, les personnes handicapées délaissées, les filles mères abandonnées, voire et plus nouveau, les victimes de l'exode rural.

Jusqu'à fort récemment, les Cubains ne bougeaient pas de leur lieu de naissance. Il faut dire que là où ils naissent les gens ont droit à un logement, des soins, une éducation et une carte de rationnement qui couvre leurs besoins essentiels. Avec l'ouverture progressive du pays, l'enrichissement relatif d'une frange de la population et l'apparition frileuse d'une classe moyenne, les Cubains se sont mis à rêver à des jours meilleurs et apparaissent des phénomènes dont le pays se maintenait à l'écart jusqu'à présent. Effet de rattrapage ou contagion capitaliste ? Chacun en jugera. Quoiqu'il en soit, les jeunes générations éduquées se mettent à fuir le pays. C'est une hémorragie, étouffée mais réelle, de la jeunesse et des cerveaux.

Or partir, fuir l'île, tourner le dos à la pauvreté, à la misère, même bardé de diplômes, ne doit pas être facile. D'autant que les Cubains ne sont pas particulièrement attendus à l'extérieur comme une bénédiction. En effet, cela n'a pas l'air, depuis l'Europe mais dire d'un Cubain qu'il est prêt à travailler, résonne comme une énormité.

A côté de l'exil, l'autre phénomène notable est l'exode. Pas seulement rural mais aussi urbain. Les *Palestinos,* qui viennent de l'Est du pays, arrivent vers la capitale, les yeux pleins d'étoiles. Ils commencent à grossir des banlieues, jusqu'alors inexistantes ou cachées. Les habitations sommaires abondaient, elles se paupérisent de plus en plus du fait des aléas climatiques, de l'incurie, de la surpopulation. Une insécurité grandissante voit le jour et les abords de la Havane deviennent peu à peu des bidonvilles. Face à la précarité, l'église essaye de trouver des remèdes et voit en la pitié de ces quelques étrangères une manne bienvenue. Que ces gouttes de bonnes intentions soient d'une quelconque utilité j'en doute quelque peu mais au moins ces dames oeuvrent avec gentillesse et bonne volonté, ce que l'on ne peut pas dire de toutes les communautés.

Ce qui est plus gênant, voire comique, est l'espèce de concurrence qu'elles se livrent comme si les pauvres de l'une avaient plus d'importance que les cas desespérés de l'autre. Si je donne des paquets de vêtement à X, Y me regarde d'un air courroucé et j'en viens à me démunir de mes propres vêtements pour la contenter. Je vais bientôt me retrouver nue pour faire plaisir à mes copines. J'ai presque envie de leur dire parfois, ne vous battez pas il y aura assez de pauvres pour tout le monde mais la bienséance m'empêche de proférer de telles inepties.

Bien sûr, les projets échevelés ne se valent pas tous, entre l'aide aux prostituées ou à la danseuse qui veut monter son école de danse, il faut parfois arbitrer, mais l'essentiel est quand même d'aider non ?

Histoires ancillaires ou La femme de ménage de ma femme de ménage.

Ma femme de ménage est fantastique ou plutôt elle l'était…Car si une « femme de » m'a confié l'autre jour qu'elle s'ennuyait de ne rien avoir à faire du fait d'une domesticité surnuméraire, moi de la domesticité je ne vois que les problèmes et les absences…

Ma maison n'est pas bien grande et je ne recours à la main d'œuvre locale qu'épisodiquement et qu'en suivant les conseils avisés des unes et des autres. C'est ainsi que j'ai récupéré la perle d'une expatriée partie sous d'autres cieux….

Au début, quand elle a commencé à la maison, c'était une petite souris discrète et timide ; peu à peu elle s'est ouverte comme une fleur…bon le problème c'est qu'elle a pris des réflexes de plus en plus carnivores…

Au commencement, elle venait deux fois par semaine comme je le lui avais demandé, les jours où je ne travaillais pas trop tôt pour pouvoir l'attendre malgré les défaillances de la *guagua*, les maladies des enfants ou autres retards. Elle m'a expliqué dès le premier jour qu'elle ne pouvait pas travailler le week-end, car elle était baptiste et le dimanche était consacré au Seigneur. Il lui fallait donc son Samedi pour s'occuper de sa maison. Je n'ai rien trouvé à redire, je n'avais pas l'intention de l'employer le jour où je pouvais m'occuper de mes petites affaires.

Elle m'a aussi expliqué qu'elle ne se maquillait pas car son église le lui interdisait et que Dieu était le centre de sa vie. Elle passait sa vie à travailler pour entretenir ses enfants bien sûr, mais aussi sa maman, son mari resté au village avec sa maman à lui et la maman du mari. Elle n'avait donc jamais de temps autre que pour le travail et l'église. J'avoue l'avoir prise en pitié et avoir relâché encore davantage mes rares exigences. Elle s'asseyait parfois pendant que je cuisinais. Je ne sais pas trop y faire avec les gens qui viennent m'aider à la maison, je crois.

Elle voulait cuisiner parce qu'elle adorait cela et que chez la Péruvienne qui l'avait employée, on raffolait a priori des mets qu'elle préparait. Ses enfants quant à eux n'aimaient que le riz ce qui la frustrait un tantinet. Là-dessus, je l'ai rapidement calmée vu le résultat de ses concoctions Rien à faire, en tant que Français, on est difficilement satisfait…Elle a renoncé à mes casseroles et mes recettes qu'elle trouvait aberrantes, trop pleines de légumes et manquant sigulièrement de fritures et de porc.

Finalement, elle s'est trouvée ravie d'avoir moins à faire. Elle passait d'un temps plein, archi plein, suroccupé entre ménage, cuisine, gardiennage des enfants, repassage, à un vague coup de balai bihebdomadaire pour un salaire quasi identique puisqu'il est dit que dans la patrie des Droits de l'Homme nous payons décidemment bien les petits emplois. Cela lui convenait bien. Elle a dégagé du temps pour ses enfants et pour s'occuper d'elle-même ce qu'elle n'avait jamais eu la chance ni l'opportunité de faire.

C'est alors qu'à force de me regarder préparer mes feuilles de salade et revenir du sport, elle a entrepris de faire régime, d'aller au gymnase. Visiblement mon exemple lui donnait des ailes. C'est bien la première fois que je me suis sentie modèle pour qui que ce soit. En même temps, alors qu'elle tentait de s'affiner, elle a découvert l'usage du rouge à lèvre et des bijoux. Visiblement son église devenait plus permissive. Il est vrai que les nouveaux horaires lui laissaient le loisir de revendre des quolifichets envoyés par la sœur du Mexique.

Le temps alloué lui a aussi permis de se rendre compte que ses enfants ne marchaient pas trop bien à l'école. Elle a alors trouvé un répétiteur pour les cours de ses enfants. Elle m'a brutalement annoncé que ses enfants devaient apprendre l'anglais, elle aussi d'ailleurs. Là j'aurais vraiment dû commencer à me méfier….

Un jour, elle m'a demandé si je connaissais quelqu'un à l'ambassade du Mexique suceptible de lui faciliter l'obtention de visas de tourisme. Cette demande occultait celle d'un visa plus large, une demande de résidence en fait. Et Elle a obtenu la résidence au Mexique. Grâce à Trump, la politique mexicaine a quitté son alignement sur la politique américaine et le Mexique qui ne donnait qu'au compte goutte des visas ou des permis de résidence en accorde aujourd'hui juste en échange de quelques poignées de dollars. Pour éviter la corruption des fonctionnaires mexicains, une plateforme informatique a été mise en place qui attribue des rendez-vous aléatoires. Mais comme rien n'est jamais si simple au pays des cigares et que les connexions sont un vrai sujet, des petits malins se sont infiltrés dans la brèche et monopolisent l'espace informatique. Du coup le gouvernement mexicain en créant sa plateforme a bien supprimé la corruption de ses fonctionnaires mais pour laisser prospérer celle de petits cubains malins qui vendent leur rapidité informatique, ou leur connexion de meilleure qualité.

Pour en revenir à ma femme de ménage, après quelques mois, ma petite souris qui place sur son échelle d'idolâtrie Dieu puis ses enfants, sa maman (qui garde ses enfants) puis sa sœur résidente mexicaine (qui lui envoie de l'argent et des provisions sur lesquelles elle vit) et enfin son mari, et père de ses enfants (ce dernier élément étant suffisament rare à Cuba pour être souligné) arrivait désormais fardée, alors que Dieu lui interdisait quand elle a commencé à fréquenter la maison. Elle fréquentait in peu moins assidument sa congrégation évangéliste et se permettait davantage de libertés. J'avais trouvé que l'église avait une jolie manière de faire accepter l'humilité et la pauvreté, voire l'indigence. Mais il semble que son église soit devenue plus permissive progressivement, avec le maquillage, les vêtements, les attitudes…

Alors elle s'est mise à arriver en retard à cause de la gymnastique, des cours d'anglais, de sa fille qu'il fallait accompagner. Ses retards se sont accrus quand elle s'est mise elle-même à contracter une femme de ménage pour l'aider chez elle. Elle ne voulait plus se salir les mains maintenant qu'elle fréquentait la manicure. Elle arrivait maintenant en retard à cause du retard de sa femme de ménage, du retard du professeur particulier des enfants, de la belle mère malade. Et puis, évidemment, un beau jour, elle n'a plus voulu travailler…logique. J'aurais dû me douter de quelque chose avec ces changements successifs de standing.

J'aurais surtout dû me méfier lorsqu'elle est partie passer un long week end à Ciudad de Mexico en me proposant de me ramener des souvenirs. Et surtout quand elle est revenue de voyage avec des petits cadeaux pour sa patronne, des cadeaux d'adieu. Encore ne l'ai-je compris qu'en cessant de la voir venir complètement.

Du coup, après m'avoir expliqué à maintes reprises combien elle adorait travailler pour moi, elle est partie sans m'en avertir. Désapointée, j'ai récupéré mon balai et ma serpillère sans autre forme de procès jusqu'au jour où j'ai eu plus de travail et plus vraiment le temps, ni l'envie d'ailleurs, de me consacrer à la poussière, à l'épluchage et au fer à repasser.

Après avoir beaucoup cherché, je suis d'abord tombée sur une perle, mais de lenteur, car elle travaillait bien mais à un rythme d'escargot. Ensuite, je suis passée à un TGV, mais peu préoccupée par la poussière et enfin, j'ai en face de moi une entreprise de nettoyage à elle toute seule. Un peu bavarde la brave dame, je sais tout de ses amours illicites avec un jeune qui lui a fait un enfant avant de la laisser pour ne pas la déranger dans ses théories éducatives, du classique chez les Cubains. Du coup, elle m'a expliqué qu'elle s'était casée avec un vieux. Elle dit qu'elle préfère, car au moins il n'a pas de raison de partir puisqu'il a besoin d'une garde malade. Ma foi, la logique vaut ce qu'elle vaut. En plus, il ne risque pas de lui demander d'avoir un rejeton. C'est clair que vu les photos, elle n'a pas dû le choisir pour son aspect fringant. Enfin elle n'est pas non plus Penelope Cruz ou plutôt une Penelope trrrrrrrrrrrrrrrrrès alourdie.

Cette dame qui vient faire le ménage une fois par semaine (enfin quand il n'y a pas dentiste, la grand-mère malade ou décédée une nouvelle fois…) m'a quand même sortie du marasme ancillaire et je lui en sais gré. Néanmoins, il a fallu que je lui demande presque à genoux d'arrêter de balancer des sceaux d'eau à travers le salon (et les fauteuils, et les rideaux) pour laver. J'ai beau essayer de lui expliquer que en raison de la sécheresse épouvantable qui touche son pays (les barrages, les cours d'eau sont à sec, il ne pleut pas et les paysages du centre de l'île verdoyants d'habitude sont jaunes et secs.) il faut épargner l'eau, elle hausse les épaules et continue à vider méthodiquement tous les produits ménagers. Après des mois de quête, j'ai enfin trouvé une bouteille de javel que j'ai mis de côté précieusement et qu'elle m'a vidée en une matinée. Je suis restée à sec et passablement agacée. Toutefois, il parait que cela ne sert à rien de s'énerver. Bref on peut continuer notre tri sélectif chez nous, si les pays pauvres et populeux et les grands de ce monde continuent à agir comme ils le font, il ne nous reste plus qu'à nous réfugier sur une autre planète.

Enfin, il n'y a pas de quoi en faire un plat car à l'heure où j'écris ces lignes, la brave dame m'a quittée depuis de nombreux mois pour cause de maux de dos, ou de dépression je ne sais plus. J'ai alors vu arriver une fille qui a tenté de m'expliquer que je ne lui convenais pas comme patronne, puis une autre qui vient quand lui vient l'envie. Certes la domesticité n'est pas cher payée sous ces latitudes mais j'ai finalement décidé de faire mon ménage toute seule...et devinez quoi ? Ma maison est enfin propre quand il le faut !!!

El Guapo

L'autre soir, nous retrouvions des amis pour une picadera, un apéritif. Je ne sais pas si le mot d'apéritif est bienvenu d'ailleurs puisque nous étions conviés à 17h30. Sinon entre la poire et le fromage, entre le goûter et le dîner. Il faut s'adapter aux mœurs locales….

L'une des dames, plus âgée, commence à nous raconter que dans son immeuble est arrivé depuis peu un français que peut-être nous connaissons, il est si beau. Nous avons déjà vu l'immeuble mais clairement pas de beau Français habitant les lieux. Elle nous raconte qu'il est si beau que dès qu'il arrive à l'accueil, les dames de l'immeuble se rassemblent sous un prétexte ou un autre, histoire de se rincer l'œil subrepticement. Il est si beau. En fait, la dame qui nous parle, tout émoustillée, n'a jamais réussi à le voir vraiment sinon de dos, de trois quart, voire au mieux, de profil…Mais son apparition fantasmagorique lui a chaque fois causée de grands moments de félicité fantasmée.

Je demande des éclaircissements, pas de raison si Georges Clooney est dans les parages que je le rate. Elle m'explique alors qu'il habite au dernier étage. Je cherche, car je connais effectivement un Français qui vit dans l'immeuble, je le connais bien d'ailleurs, ah quel hasard, mais franchement il n'a rien de bien affriolant. Je le connais si bien que je prends même des cours d'espagnol avec lui. Je lui en parle en le décrivant au plus près, un homme d'une trentaine d'années, grand avec des chemises hawaiennes très, très, très ajustées laissant saillir de manière évidente sa musculature. Extatique, elle me dit c'est lui, c'est lui, ah tu le connais. J'éclate de rire, pour moi il n'incarne franchement pas le prototype du beau version française. Il n'est pas mal, je reconnais mais de là à se trémousser en gloussant, franchement…Jamais je n'ai entendu une française se pâmer devant lui. Je ne suis pas convaincue par sa propension à mettre des chemises systématiquement trop petites. Ni par les motifs palmiers ou fleuris épousant la forme des pectoraux Mais les goûts et les couleurs visiblement diffèrent réellement selon les latitudes…

Mais maintenant que j'y pense, il me revient à l'esprit qu'alors que je l'attendais devant la salle de classe, des Cubaines m'ont demandé si j'attendais le « Beau », *el Guapo*. Devant mes yeux interrogateurs, elles ont cru bon de me préciser le nom du bellâtre avec lequel je prends mes cours d'espagnol. J'ai roulé des yeux, interloquée, lorsqu'elles m'ont avoué rêver de lui. Franchement ce Français ne me fait pas rêver, loin de moi l'idée. Il n'est pas repoussant mais le type garçon coiffeur ne m'a jamais fait phantasmer. Il est sympathique et marrant, cela me parait plus important.

Pour autant, si j'avais su que mes rencontres avec lui pouvaient susciter la gourmandise de ces dames, j'aurais envisagé la situation sous un autre jour. D'abord j'aurais peut-être mieux fait de mieux le regarder ce brave homme, j'ai visiblement loupé l'occasion de ma vie pendant mes rendez-vous avec ce latin lover que les Cubaines, elles, ont su flairer…. Et surtout, je me dis que j'aurais mieux fait de laisser la porte ouverte quand je révisais le subjonctif avec lui dans la salle, ça aurait évité les commérages. Car avec le recul, j'ai dû en générer des jalousies et des insinuations, enfermée comme je l'étais avec l'idole de ces dames, mon dieu des cornes en plastique ont du pousser sur le crâne de mon cher et tendre…ça a dû jaser à chacune de nos rencontres sur les manipulations grammaticales….

Elles ne sont pas les seules à voir en lui l'idéal masculin, puisque j'ai aussi surpris deux dames de l'administration avec lesquelles nous avons parfois à faire, professionnellement parlant s'entend, parler entre elles du *Guapo* en gloussant toutes émoustillées. En demandant des précisions, je me suis rendu compte que nous parlions bien de la même personne.

Et le moment le plus drôle a été atteint un jour où je l'attendais pour commencer un cours dans un centre de formation et où la secrétaire m'a fait remarquer que le *Guapo* était encore plus beau depuis qu'il avait grossi. J'ai eu beau, si je puis dire, tenter de lui expliquer que le surpoids n'était pas vécu en France comme une arme de séduction, elle n'en a pas démordu. Je n'ai réussi qu'à lui faire entendre que dire à un homme francais ou à une femme d'ailleurs, qu'il avait grossi n'était pas très bien vu et qu'elle ne risquait pas de s'attirer ses faveurs en lui faisant la remarque.

Il est vrai qu'avoir son succès chez la ménagère cubaine de plus de cinquante ans ne fait pas de vous illico presto un sex symbol, néanmoins cette sorte d'accord de la communauté féminine laisse présager que les attentes locales ne correspondent pas tout à fait aux nôtres. Comme quoi les canons de la beauté sont tout sauf universels, n'en déplaisent aux modes de plus en plus uniformes et à la soi-disant globalisation du goût.

Elles permettent en tout cas de mieux comprendre cette propension à souligner les rondeurs débordantes, là où nous les cacherions, à appuyer sur les teintures capillaires et le maquillage outrancier, quand les Français préfèrent naturel et simplicité. Moi qui avais toujours pensé que la mode cubaine, ou plus exactement l'absence de mode, était juste dictée par les pénuries et la rareté des produits. Mais à la réflexion, même dans ce pays où l'on manque de tout, les femmes semblent suivre certaines règles.

Les vêtements, qu'ils proviennent des cousins de Floride, des donations d'étrangères lassées de ce qu'elles ont déjà porté pendant quelques mois, ou parce que justement ces habits sont passés de fraicheur, sont réajustés, raffraichis selon des normes locales et revendus d'occasion. Les syndicats passent ainsi dans les entreprises tous les deux ou trois mois et proposent, à prix très réduits, les dernières nouveautés de la mode cubaine faites de vieilleries bricolées et remises en circulation. Cela vaut toujours mieux que les boutiques qui soit proposent les collections des décennies précédentes ou les invendus du reste du monde à prix d'or, soit des horreurs locales mal cousues dans des tissus que l'Occident a passé aux oubliettes depuis la deuxième guerre mondiale.

Le reste du budget beauté passe dans les manucures, pédicures, coiffeur, tant il est vrai que la Cubaine, dès qu'elle sort de la misère la plus crasse, consacre le peu dont elle dispose à son paraitre. Maintenant que j'ai une idée plus précise des poissons que ces sulfureuses matrones rêvent de pêcher, je comprends mieux le soin qu'elles déploient pour l'attirer dans leurs filets. Clairement, je ne navigue pas dans les mêmes mers, mais je crois que me contenter de mon alevin d'eau douce me suffira…

Mantenimiento bricolo ou avanies à la Havane

Le Cubain est tres créatif, ça on ne peut pas lui enlever. Heureusement ceci dit, dans un pays ou on ne trouve rien, il vaut mieux être bricoleur. Mais le Cubain n est pas un habile bricoleur c'est un bricolo.

Il peut se révéler bricolo créatif lorsqu'il récupère et refait pour son compte. Il peut se montrer rénovateur version soviétique lorsqu'il refait à neuf des antiquités pour les revendre à prix d'or à des étrangers en s'alignant sur les prix américains. Dans ce cas, il n'hésite pas à refaire complètement en faux ancien bien clinquant. D'autres, qualifiés ici d'antiquaires n'hésitent pas à vendre à des prix exhorbitants des vieilleries d'une saleté répugnante que le brocanteur le plus véreux jetterait sans vergogne dans nos pays. En revanche, quand il s'adresse a un public captif comme un expatrié obligé de vivre dans un appartement qui lui a été assigné, ne reste du bricolo de génie que le bricolo muni de deux mains gauche et démuni du matériel le plus élémentaire déjà revendu ou utilisé à des fins personnelles.

Certes, si rien n'existe tout se crée, tout s'invente comme celui qui a fixé un climatiseur de chambre sur sa voiture, l'autre qui en guise de pare brise abrite son volant derrière une vraie fenêtre avec châssis, linteaux, vitres….
Sur les chantiers, dans les hôtels tout disparait et il faut apprendre non pas à faire régner l'ordre mais à gérer les vols, en tolérer un montant respectable. Ainsi les rénovations ou reconstructions de petites

maisons privées sont faites à base des carreaux disparus des salles de bain d'hôtels, de restes de peintures de couleurs et textures variées voire indéfinissables. Les logis sont meublés de fauteuils, lits et tables subtilisés plus ou moins discrètement, sur les chantiers, des hôtels.

Pour le service aux étrangers, en revanche, pas de matériel, ni de techniciens compétents ailleurs. Du coup, les anecdotes abondent. Je pourrais évoquer le gardien de l'immeuble, ancien cadre supérieur puni par le parti car il a accepté un biscuit d'un étranger. L'homme de service, lui, a été dénoncé alors qu'il piquait un roupillon et on lui a confié en représaille la tâche de repeindre les parties communes au pinceau. Quant au plombier, il branche les lave-linge en inversant les arrivées d'eau, parce qu'il est aussi plombier que je suis boulangère. Le spécialiste du *mantenimiento*, qui est peut être instituteur ou podologue, pour fixer une bête barre à rideaux perce entièrement le mur sans le reboucher, faute de plâtre ou de peinture, ou de sens commun, obligeant à mettre des rideaux non pour s'isoler de la lumière ou des voisins mais pour cacher le mur constellé d'impacts ratés de marteau et de perceuse….

En la matière, qui pourrait faire l'objet d'un dictionnaire, tant le Cubain est comme je le disais d'une inventivité à toute épreuve, quelques épisodes me reviennent particulièrement en mémoire. Nous avons passé un été sans climatisation. Terrible avanie lorsqu'on vit à la Havane. Le diagnostique a mis beaucoup de temps à être posé, moteur grillé, pièce défectueuse. Nous en avons consulté des spécialistes, réclamé des interventions d'urgence, supplié, menacé, en vain. Enfin à l'automne, alors que la chaleur diminuait quelque peu, un bricolo un peu plus vicieux que les autres, s'est avisé que si la climatisation ne fonctionnait pas, la faute en incombait à la carte électronique, qu'il s'est empressé de confisquer pour mieux la perdre ou la réutiliser ailleurs. Après des semaines, que dis je des mois, passés à nous égosiller, nous avons découvert atterés que les fils d'alimentation de la carte avaient été coupés à ras pour mieux la retirer. Nous nous sommes alors demandé si le propos de l'opération était de truffer l'appareil de micros, ce qui sommes toutes aurait pu être fait plus discrètement. A moins que l'idée n'ait été, au contraire, de faire disparaitre les micros de cette demeure aux habitants si peu intéressants. Finalement, au lieu de changer une pièce inexistante dans le pays, il a fallu changer l'appareil complet encore plus compliqué à trouver.

Il faut reconnaitre que les chargés de maintenance ou de maintien des immeubles dans lesquels nous avons le droit d'habiter sont quand même des flèches. Ils ne comprennent d'ailleurs pas la multiplicité de nos demandes et restent interloqués face à nos caprices de nantis. Ainsi qu'importe si la piscine est vidée, en attente de réparations improbables depuis onze longs mois, lorsqu'on a déjà la chance d'habiter ailleurs que dans un taudis. Il ne faudrait quand même pas en demander davantage.

Ainsi mes récriminations face aux odeurs nauséabondes de poubelle ne touchent personne. Pas plus que mes grands cris quand je me suis reveillée un matin, alertée par l'odeur pestilentielle dans la cuisine, une odeur de gaz. Face à l'indolence des réactions et dans la panique d'une explosion imminente, mon énervement est monté d'un cran, suffisament en tous cas pour que la maintenance mène son enquête…et me raconte des balivernes invraissemblables comme l'injonction de débrancher en urgence le four, responsable de toutes les fuites, alors que celui-ci fonctionnait à l'électricité…

Du coup, j'ai aussi mené mon enquête pour découvrir que cette odeur rappelait étrangement celles des poubelles. De fil en aiguille, nous avons découvert que l'appartement jouxtant le nôtre et relié par un gros trou derrière la gazinière avait été abandonné avec des ordures qui, putréfiées, exhalaient des fumets à faire se convulsionner les morts.

Mais le pire a été atteint avec mon réfrigérateur, que j'avais déjà cru perdre. Ce jour là je me suis sentie des humeurs de criminelle. La magnifique armoire à glace qui trônait à mi-chemin entre la cuisine et le salon en raison de sa taille et de sa rareté en ce pays, et qui en tous cas faisait ma fierté, a, un jour, cessé de produire du froid. La faute à une coupure de courant, à la vieillesse, je ne le sais pas. Toujours est-il qu'en désespoir de cause et en proie à une croise de désespoir véridique, je me suis précipitée en sanglotant sur le technicien en chef de l'immeuble qui m'a annoncé venir tout de suite, tout en m'injoignant de prendre patience.

Trois heures plus tard, lassés de mes gémissements, l'escouade de pieds nickelés débarque dans ma cuisine pour régler le prestigieux équipement. Il est vrai que, échaudée par une précédente mésaventure qui avait transformé le précieux appareil frigorifique en chauffage par un branchement malencontreux, mon attention pour l'engin s'était muée en une sorte d'amour passionnel. Cette fois, la nourriture patiemment amassée depuis des mois de marché en marché, transformée en plats merveilleusement cuisinés par mes blanches mains pourtant peu expertes, gisait mollement dans une mare dans la partie congélateur. Rien n'avait survécu au naufrage.

Les pieds nickelés ne comprennent pas, ils se grattent le crâne. Il est vrai qu'on m'a envoyé celui qui a si bien posé la tringle à rideau qu'elle m'est tombée sur la tête le premier soir, quand je me suis avisée de tirer les rideaux. J'aurais dû deviner que ce type de montage ne peut se que regarder de loin. Enquête menée, les coupures d'éléctricité récurrentes n'ont pas permis au générateur de redémarrer. En raison des désastres de la climatisation et des coupures de plus en plus fréquentes, j'avais jugé judicieux de brancher l'ensemble directement sur le générateur. Malheureusement, mon branchement a un peu dérangé la femme de ménage qui utilise justement cette prise pour le repassage. Et plutôt que m'en parler, elle a débranché le réfrigérateur pour repasser. Elle a juste omis de le rebrancher ou de me prévenir.

Je me suis dit que cela ne servirait à rien de m'énerver, que de toutes facons la qualité du ménage et du repassage étant à la hauteur de la maintenace, je pourrai désormais m'en acquitter.

Il semble que les Cubains ne vivent vraiment pas au même rythme, effrené certes, que le nôtre. Une de mes amies en a trouvé la raison. Elle a ramené une pendule d'Espagne qu'elle a branché sur le courant cubain. Au bout de quelques mois, elle s'est étonnée de constater que l'heure de sa pendule ne correspondait plus à celle de sa montre, pas plus qu'à celle de son ordinateur. Il s'agissait d'un problème d'ampérage visiblement. Brutalement, j'ai tout compris, si le temps s'écoule plus lentement à Cuba qu'ailleurs dans le reste du monde, comment demander aux autochtones la même réactivité. Et je ne parle pas ici de leur inneffable courage dans l'effort car comme le dit si bien l'adage écrit sur une pancarte accrochée au marché *je me suis levé avec l'envie de travailler, je me suis recouché le temps que ça me passe….*

Maux de Georges

Bon moi j'ai un problème de prononciation, la *jota* me traumatise et le r me panique.

Si en plus les deux se combinent, c'est sauve qui peut, ma langue ne sait plus ou se placer, si elle doit toucher le palais, les dents ou les deux à la fois et je finis par m'étouffer ou par sortir un bruit qui n'a rien à voir avec le son envisagé.

Mon calvaire c'est le prénom George, Jorge, une jota suivie d'un r puis d'un g aspiré, alors si Georges est composé c'est pire que tout. Le pire, c'est que je suis entourée de Georges. Cela dit, il y a encore pire qu'appeler un Georges *Jorge* c'est l'appeler par son diminutif de *Jorgito* .... Bref ma gorge ne résiste pas aux Georges. Il faudrait que je me poste devant un miroir pour faire des vocalises et pour parvenir à domestiquer la *jota* et le r mais si Monsieur me voit en train de répéter à l'infini le prénom d'un autre homme, je doute que mon explication linguistique lui convienne.

D'autant qu'avec le nombre de Georges que je connais ses doutes risquent de s'épaissir méchamment. Il y a par exemple le monsieur de la maintenance, le sympa qui ressemble à Paul Newman et dont je pense qu'il est ingénieur parce que pour un simple bricoleur et contrairement aux bricolos du dimanche habituels il m'a l'air bien précis et connaisseur quand on lui demande de nous réparer quelque chose, et puis il a des manières prévenantes et une élégance qui tranchent singulièrement sur la vulgarité ambiante.

Il y a le Georges professeur d'espagnol qui a dû fricoter gentiment avec tout ce qu'il fallait vu les voyages et les accointances qu'il affiche. A moins que ses cours ne soient qu'une couverture pour espionner.
Et il y a le Georges avec lequel je travaille et qui se prend pour un top model mais le pauvre ne dispose, dieu merci, pas de miroir qui lui permette de se contempler et de constater qu'il a le visage marqué par l'acné ou la vérole. Comme il drague tous azimuts ce doit être la vérole. Clairement les considérations comme le harcèlement sexuel n'ont pas atteint l'île sinon ce genre d'individu pourrirait au fond d'une geôle.

En même temps, j'ai une certaine considération pour ces gens car avec les quinze pauvres maigres dollars gagnés par mois, à quoi leur sert d'avoir un poste dangereux, au sens où ils risquent de se faire remercier parce qu'ils sont visibles ou trop proches des horribles capitalistes que nous sommes, nous, les occidentaux. Avec ces faibles émoluments qu'est ce qui les pousse à travailler si ce n'est se faire mousser et profiter de leur soi-disant puissance auprès de la gent féminine ? Evidemment, le machisme de ces messieurs crée des dommages collatéraux comme des enfants sans père reconnu mais bon chacun est grand finalement et il est vrai que les Cubains ont le sang très chaud. D'ailleurs les filles ne sont pas en reste avec leur poitraille en présentation et le temps qu'elles passent dans la rue, *por la calle*. Finalement elles devraient bien imaginer ce qui leur pend au nez et au reste.

Une de mes collègues cubaines a d'ailleurs passé tellement de temps *dans la calle* à essayer de faire des progrès en langue qu'elle va finir par y rester dans la calle. On l'accuse d'avoir été très proche d'un ex-cadre du parti non pas recadré mais prié lui aussi d'y rester dans la calle, pas dans le parti, pour cause d'accointance trop intense avec la mafia etrangère. Sans rire, le simple fait de fréquenter un étranger hors travail lui a valu non pas un blâme ou une remarque mais d'être virée de sa boite du jour au lendemain. Et le simple fait pour elle de sortir avec cet homme aux relations douteuses, lui a valu d'être remerciée. Tout comme le fait d'emporter chez lui les croûtes de fromage, vestiges d'une réception donnée en l'honneur d'une délégation étrangère, a été à l'origine du renvoi d'un autre *socio* cubain, alter ego obligatoire dans le cadre d'une entreprise mixte.

Revenant aux problématiques de Georges, les Cubaines, qui elles, savent roucouler voire hurler les prénoms de leurs chers et tendres ont tendance à ne pas avoir mal à la gorge et du coup à ne pas trop la couvrir. En bref, le fait de n'avoir pas la gorge fragile ne leur donne pas froid aux yeux. Du coup, elles montrent une grande partie de cette gorge. Certes, ma gorge à moi n'est pas suffisament fournie pour rentrer en concurrence avec celles des autochtones, qui pour le coup arborent des proportions inconnues sous nos lattitudes. En face de chez nous sèchent d'ailleurs des soutiens-gorge dont je n'aurais jamais envisagé qu'ils puissent exister dans de telles dimensions. Et comme si ce n'était pas suffisant, la Cubaine propulse ses avantages dans des chemisiers collants, pigeonnants et décolletés. Du coup, il ne faut pas s'étonner que le mâle ne puisse se concentrer sérieusement sur ce qu'il a à faire et qu'il se sente poussé à siffler la donzelle de passage. Je ne vais pas excuser les dérives machistes mais je peux les comprendre.

On pourrait se demander comment ces femmes armées de tels avant postes peuvent se tenir droites tant les obus qui garnissent leurs bustes semblent les projeter en avant. Dieu merci, les postérieurs sont eux aussi suffisament garnis pour équilibrer l'ensemble. Ce qui donne des silhouettes assez uniques en leur genre avec deux protubérences décalées, d'un côté dans le tiers supérieur de l'anatomie, l'autre en sens inverse dans le tiers inférieur, genre culbuto. Le tout est equilibré en hauteur par une coiffure et en bas par des talons soit aiguilles soit compensés.

Dès lors on ne peut pas s'étonner de l'enthousiasme délirant de la gent masculine au passage de ces femmes dont l'avant poste et l'arrière-train peuvent entre autres, servir à poser et déposer crayons, livres ou autres. La femme bibliothèque ou vide-poche, c'est assez fascinant. Car je les regarde avec étonnement voire avec envie ces femmes si provocativement féminines. Elles semblent si fières de leurs avantages et si sûres de séduire.

Et ces regards appuyés sur les gorges et les popotins ne peuvent-ils pas passer non pour du harcèlement mais pour un simple intérêt pour ces prodiges de la nature, mis en avant par de savantes architectures vestimentaires ? De la stéatopygie cubaine…

La soirée des voisins

Celle ci restera vraiment dans les annales, sinon du voisinage, en tous cas de la bêtise érigée en vertu d'état.

Il faut dire qu'avec mes idées subversives, je pourrais bien risquer de me retrouver dans les champs à couper la canne à sucre pour le restant de mes jours. Je l'avoue, sous la torture, c'est donc dans mon petit cerveau maléfique qu'est née l'idée vicieuse et capitaliste de réunir les voisins autour de la piscine délabrée de l'immeuble et de profiter des tables et chaises qui sinon ne servent à rien, ni à personne.

C'est donc en discutant avec les deux familles françaises, les Mexicains d'en face et les Canadiens d'à côté, que je me suis dit que ce serait bien sympa de connaitre mieux ces gens mais pas forcément à la maison où de toutes facons je n'ai pas la place d'accueillir tout ce beau monde.

En parlant avec les uns et les autres, nous avons trouvé fort convivial et bienvenu de nous retrouver un soir pour discuter davantage en buvant un coup autour du point d'eau pompeusement dénommé piscine. Et comme personne n'avait l'air de vouloir prendre l'énorme responsabilité d'organiser, c'est-à-dire de se fendre d'un petit texte pour proposer aux uns et aux autres de se réunir, j'ai jugé sottement bon de l'écrire moi-même.

En fait, j'ai fait relire le petit message à mon voisin mexicain, partie prenante du projet mais si possible quand tout se passe bien. Je me suis mise d'accord sur la date avec la voisine qui voulait absolument qu'on organise quelque chose et qui s'est empressée de me demander de changer de date une fois que les invitations ont été rendues publiques. Dans un éclair de lucidité et d'honnetté linguistique, j ai donc demandé au voisin mexicain de corriger les fautes de ma petite invitation. Il m'a rendu un texte complètement différent imprimé en vingt-cinq exemplaires, une semaine après en me disant que le mien était parfait. Il est trop mignon de vouloir épargner ma suceptibilité.

Pour éviter d'avoir des réflexions du gardien de l'immeuble, j'ai fait distribuer le papier par les enfants de l'immeuble sous les portes des habitants. L'idée était que chacun soit alerté de ce qui se tramait et se sente libre de venir ou de décliner sans obligation de présence.

Le lendemain de la distribution sauvage, je me suis fait prendre à parti par le concierge qui a lancé un doigt accusateur vers moi alors que je descendais l'escalier, mon petit sac poubelle à la main et a roulé des yeux terribles en proférant des menaces sous prétexte que je me livrais à des activités quasi subversives.

Le surlendemain, j'ai appris que les papiers avaient été retirés de dessous les portes. Je me suis alors un peu énervée et le voisin mexicain est venu plaider ma cause en disant que j'agissais pour le bien public mais que dans ma grande inexpérience j'avais omis de demander la permission au grand chef, ce que lui dans sa grande sagesse se permettait de faire. Je me suis alors beaucoup énervée et j'ai appelé mon chef à moi qui a appelé les autorités supérieures de l'immeuble pour prendre rendez-vous sur les différents problèmes affectant les dizaines d'appartements loués padans l'immeuble. On lui a accordé son rendez-vous, au cours duquel il s'est plaint de l'absence d'air conditionné, durant l'été, du mauvais entretien des parties communes mais aussi de la vétusté des appartements et de l'argent qu'il reversait à la compagnie immobilière pour tous ces mauvais services. Il a profité de l'algarade pour glisser un mot sur mon activité pas si subversive finalement.

Le jour suivant, j'ai appris par la bienveillante voisine qui voulait une soirée mais ne peut pas y assister, que je n'aurais jamais du molester le camarade concierge. Visiblement, elle n'a pas compris que le *molestar* espagnol se traduisait par déranger. J'étais donc coupable d'avoir molesté le pauvre camarade concierge et vraiment on ne s'attendait pas à ce que je me comporte de manière si peu courtoise. Je me suis sentie soutenue sur une affaire si capitale dont finalement je m'étais chargée pour que les uns et les autres passent un bon moment ensemble. La motivation des voisins et de l'administration commençait sérieusement à me faire douter du bien fondé de mes intentions.

Néanmoins, le jour suivant, l'autorisation a été donnée en haut lieu d'organiser notre charmante sauterie le soir même comme prévu au préalable, et nous nous sommes réunis. Ce soir là, les voisins sont venus me féliciter les uns après les autres pour l'initiative, une petite soirée si charmante et si facilement mise en place et pour me demander quand j'allais recommencer.

Après la fête qui s'est sagement terminée a vingt-deux heures car tout le monde travaillait le lendemain, nous avons pieusement remis au personnel de l'immeuble qui passe ses soirées à s'ennuyer et à essayer de veiller en buvant du *tukola* trop sucré ou en mangeant le sempiternel riz harixots rouges, les restes de gâteaux, quiches, salades, et les bouteilles non entamées. Ils ne s'attendaient à rien de cela, eux qui sont habitués à des bamboulas bruyantes et alcoolisées à l'issue desquelles ne restent que des cadavres de bouteilles et des saletés.

Depuis lors, l'on me sourit et on me tient même la porte de l'ascenceur que je n'utilise pas car je n'ai pas trop confiance et que je ne voudrais pas rester coincée. Je n'ose quand même pas demander qu'on m'aide à porter les paquets, quand je reviens chargée du marché, on ne va pas trop préjuger de ma subite notoriété. Le concierge ne cesse de me demander quand est programmée la prochaine sauterie.

Trois mois plus tard, rien ne s'étant passé et Noël approchant, me revoici en croisade, mais cette fois avec en tête une idée infaillible : dans le petit texte invitant les voisins à se réunir, une petite ligne incite les uns et les autres à déposer un cadeau au pied du sapin de l'immeuble pour tous ceux, gardiens, femmes de ménage, techniciens qui nous « allègent » ou nous plombent c'est selon, notre quotidien. C'est curieux personne cette fois ci ne s'oppose à mon projet, au contraire on me sourit, vais-je devenir une héroïne quasi nationale, en tous cas une femme combattante et reconnue comme telle par le voisinage ?

Le portier bijoutier

L'autre jour, C. nous a raconté une histoire hilarante à force d'être navrante ou simplement emblématique de la vie à Cuba. Elle habite une énorme demeure magnifique, ou en tous cas qui fut magnifique à l'époque de la magnificence des uns (et de l'indigence des autres). Aujourd'hui seule reste l'indigence ou presque…

Néanmoins, à l'entrée de sa toujours énorme et autrefois magnifique demeure, dans une petite guérite, un gardien se tient. Je dis qu'il se tient car en accord avec son poste, il devrait être quasi au garde à vous. Mais dans ce cas précis il s'agit d'un petit monsieur sourd et très occupé par ses affaires personnelles, et donc peu disponible à ouvrir le portail.

Du coup, C. nous raconte qu'elle perd son sang froid dès qu'elle rentre chez elle puisqu'il lui faut systématiquement attendre que son portier sourd (et occupé) lève le nez de ses occupations pour daigner ouvrir le portail. Elle a beau klaxonner, s'énerver rien n'y fait. Le problème est rendu plus aigu par l'absence de sonnette à la porte d'entrée. Quand on lui a demandé pourquoi il n'y avait pas de sonnette, elle nous a répondu qu'à sa connaissance les anciens occupants de la résidence s'étaient lassés de voir ou plutôt d'entendre des gamins sonner systématiquement à leur porte pour s'amuser. De guerre lasse, ils avaient débranché le mécanisme. Le problème est qu'un mécanisme demonté ici correspond à un mécanisme qu'on peut désosser pour le réutiliser ailleurs et les fils se sont peu à peu volatilisés. Et la compagnie qui gère la maison n'a pas trouvé intéressant de se pencher sur le problème et n'a pas tenté de le résoudre.

J'ai aussi demandé à C. pour quelle raison elle gardait son gardien sourd (et occupé) à son poste alors qu'il devrait pouvoir être remplacé, ce n'est pas le personnel qui manque ici. Elle m'a alors expliqué que le gardien était certes âgé et sourd mais aussi très doué de ses doigts et qu'il passait son temps à réparer de petits objets et notamment des montres. Elle ne veut pas s'en séparer car elle a besoin de lui pour de petits travaux minutieux et elle n'ose pas le déplacer de peur qu'il ne se vexe. Car un Cubain vexé ne rend pas plus service qu'une porte de prison. Bref, la voici coincée dans cet imbroglio jusqu'à la veille de son départ. Alors qu'elle empaquete les cartons de son déménagement, arrive une bande d'électriciens chargée de reconnecter la sonnette qu'elle a réclamé à grands cris depuis trois ans, date de son arrivée.

Pourquoi maintenant ?
Asi es Cuba, no es facil….

Narrativo

Mon blog m'occupe beaucoup. Il me faut trouver des idées, écrire, lire corriger, corriger relire, et polir, faire prendre des photos puisque je ne sais pas les faire moi-même et puis mettre en ligne les textes puis les photos après avoir relancé pour recevoir ces photos. Et puis aussi il faut répondre aux sollicitations. C'est exotique de recevoir tout un tas de propositions d'échanges d'articles de la part d'apprentis journalistes. Ils sont peut-être bons en informatique mais clairement analphabètes. Ils sont incroyables ces jeunes ils me proposent de leur écrire un article tout neuf sur leur blog en échange d'un article de leur main sur le mien. Vu la teneur de ce que je recevais, j'ai répondu à l'un des jeunes (j'ose imaginer qu'il est jeune et inexpérimenté…) que je n'étais pas très enthousiaste sur le projet et il m'a répondu que j'étais lourde à comprendre. Du coup, je ne réponds plus à rien ni à personne. Je suis peut etre lourde mais je préfère ne pas le savoir.

Bref, je continue à écrire dans mon coin. Je me suis d'ailleurs inscrite à un cours d'écriture *narrativo* dans le texte. Bon, d'accord, après une heure je suis noyée. Surtout quand les autres élèves interviennent.

L'enseignant, un auteur un peu renommé ici, nous donne des tuyaux d'enfer sur comment trouver l'inspiration (Bizarre comme ici j'ai de petites idées). Ce qui me gêne, outre la touffeur d'une pièce non aérée non climatisée, c'est le contenu littéraire. Non que je sois une pointure mais a priori si je m'inscris à un cours de littérature c'est pour apprendre.

Deux professeurs écrivains nous font cours, tout à fait excellents au demeurant sur les techniques de narration, la description, le rendu du personnage. En revanche, ils me laissent tout à fait sur ma fin en matière de références littéraires. La vraie limite en effet c'est que leurs lectures les plus contemporaines sont Madame Bovary et Balzac, en matière de nouveau roman j'ai vu mieux. Les cours sont panachés de références filmiques mais du type Sherlock Holmes ou *novelas* brésiliennes Certes incontournables ici, mais peut être pas les plus avant-gardistes au vingt-et-unième siècle. C'est rassurant au demeurant de voir que si les Français boudent leurs grands prédécesseurs il reste au moins un bastion de la grande écriture française. Il semble que la littérature cubaine contemporaine soit interdite ou inexistante et il est vrai que dans les rares librairies du pays ce qui règne c'est le vide. Quelques ouvrages de Jose Marti, les discours de Fidel et trois classiques. Mais il me semblait que les Espagnols et Hispanophones comptaient quelques écrivains….

Ceci étant, je ne suis pas convaincue que Balzac avec son snobisme pro parisien et ses attitudes de petit bourgeois parvenu aurait adoré devenir un modèle pour le Cuba post fideliste. Pas plus que l'ami Gustave n'aurait goutté de voir transposé son Emma à la Havane. Pourtant, ce pourrait être un concept littéraire, *le lys dans la vallée de los Ingenios* ou *Yemma Bovary* puisque les noms de jeune femmes entre trente et cinquante ans comptent en général un Y (on les appelle d'ailleurs génération Y) ce pourrait d'ailleurs à la réflexion devenir Yusimi Bovary (de *you see me* pour faire plus américain plus djeune quoi comme nous avons connu la génération des Kilian et des Kevin). J'exagère un peu car le pape de Yonville n'est pas le seul à être évoqué par nos professeurs qui jouent les artistes d'avant-garde avec leurs cheveux longs et sales et leurs chemises larges et fleuries. Les pauvres, je ne leur jette pas la pierre, ils font au mieux en fonction des contraintes.

Nous avons aussi un rapport assez détaillé sur les séries qui passent. Renseignement pris, je m'étonnais un peu de ce type de références. Il semble que nos deux érudits soient contraints de n'évoquer que les livres et films autorisés. Effectivement cela limite singulièrement le débat. De là à créer ce cours de littérature basé sur les écritures comparées de *Eugenie Grandet* et des *feux de l'amour* version cubaine. C'est un concept certes. Pour autant, le cours est intéressant, un brin théorique certes, et on y apprend comment écrire une chute (vue celle que je viens de faire et qui m'a valu de visiter l'hôpital pour me faire recoudre, là aussi j'ai de petites idées). On y découvre que les personnages doivent porter des noms et être dotés d'une description physique ET psychologique singulière.

Quelque part, ces cours dispensés gratuitement aux adultes deux heures en fin de semaine, s'apparentent plus à un club de rencontre un peu fermé qu'à une réelle approche de la littérature. Quant aux enseignants, on se demande ce qu'ils viennent faire ici, justifier de leur maigrissime salaire, identifier d'éventuels talents ou récupérer quelque avantage matériel discret auprès des rares étrangers infiltrés dans le groupe. A moins que ne se soit glissée dans les élèves une taupe chargée de débusquer les potentiels renégats ou penseurs subversifs. Rien à redire, ces cours sont propices à l'inspiration. Un élément de réponse à mes questions surgit face à la réaction enthousiaste des deux enseignants, lorsqu'à la fin du trimestre, je leur remets en catimini quelques œuvres introuvables ici.

Espinning, le sport dans tous ces états

Après le *emailing, le elearning* voici le *espinning* ou le *e-velo* version cubaine…. On m'avait vanté l'efficacité du vélo en salle pour affiner la silhouette alors je suis allée tester et je n'ai pas été déçue. Waouh l'ambiance !

Dans une salle qui tient de la salle de bain de par sa taille et son aération, deux rangées de cinq vélos statiques, deux climatiseurs géants et trois ventilateurs, une énorme télévision qui crache à plein poumon tout ce que la musique cubaine a de plus flamboyant. Et des spots ambiance boite de nuit pour que ces dames se déhanchent en hurlant à tue tête les airs à la mode. Ça tient plus de la discothèque que de la salle de sport.

La bonne nouvelle c'est que les Cubains, jamais à court d'idées pour rendre une dondon sexy, ont transformé la petite reine de mamy ou mieux encore le cyclime sur route en casque et maillot collé-serré, chaussures cloutées en une activité d'une sensualité débridée. Décolletés plongeants sur seins trémoussants, shorts moulants sur fessiers protubérants, et hop on bouge en rythme, on transpire à l'unisson, c'est merveilleux d'énergie, de bonne humeur décomplexée.

Je ne sais pas si le spinning dans les pays civilisés est plus policé mais ce que l'on appelle *espinning* car tous les mots en sp sont introduits par un e qui se prononce é, est ici très *especial*, et très *espontaneo*. Et surtout ça laisse libre cours à des *espostures* très *espatantes*…

On sort de là transpirant mais rigolard, remonté mais sourd tant les baffles ont vrillé les oreilles.

Il faut dire que la folie du *mens sanum en corpore sano* s'est emparée des esprits et donc des corps. Et que le Cubain, un peu enrichi, et à l'unisson du reste du monde dit civilisé, se montre obsédé par sa forme physique.

Nous n'en sommes pas tout à fait aux canons occidentaux qui font de la maigreur une tendance souhaitable. Non, ici être en forme signifie, pour une femme, être dotée d'un fessier et d'un poitraille avantageux mais sans tomber dans la difformité. La riche Cubaine singe d'ailleurs merveilleusement l'Occidentale. Quelles que soient ses origines, la plupart du temps très métissées, elle se doit d'arborer une longue chevelure blonde et surtout lisse. Le métissage étant ici très hierarchisé et sujet à un profond racisme il repose sur des critères soit-disant très objectifs, tels la couleur de la peau bien sûr, le degré de frisage capillaire, mais aussi la corpulence. L'origine *Yoruba* garantie par exemple des cheveux crépus, une peau foncée et une étonnante stéatopygie. Gommer les formes physiques trop évidentes, lisser les cheveux pour faire disparaitre le casque crépu, éclaircir la peau sont autant d'artifices qui permettent de faire un bond social. Apparent puisque nul n'est dupe de cette multuplication des blondes sportives qui se réclament du modèle californien.

Evidemment les esprits les plus affutés vont me taxer de racisme anti-grosses, anti fausses blondes anti tout ce que l'on veut. Mais il ne faudrait pas oublier que nous sommes en terres latines et non dans le temple anglo-saxon du politiquement correct. En Espagnol, en tous cas en Amérique latine on appelle les gens selon leurs caractéristiques physiques sans risquer de passer au tribunal pour diffamation. Il parait même que dire d'une personne charnue « *ma grosse* », d'une personne colorée « *le noir* », de quelqu'un dont les yeux sont étirés « *eh la chinoise* », est des plus affectueux. Mieux, pour complimenter, il est de bon ton de dire « *Bonjour la grosse mais ce que tu as grossi !!!Tu es énoooorme !!!!* ». J'entrevois d'ici les problèmes d'adaptation linguistique du Cubain, habitué à siffler tout ce qui porte jupe et à interpeller les dames ventripotentes « *eh gordita, ma bonne grosse* » propulsé au Canada ou en France. Autres lieux autres mœurs.

Enfin pas pour tout visiblement. Cette bizarre mode du sport en salle apportée vraissemblablement par les étrangères, diffusée par les feuilletons et autres séries américaines a été transcendée par la loi de libéralisation de 2008 qui a insufflé un vent de renouveau dans l'économie et donné la possibilité à tout un tas de petites professions de se monter en entreprises indépendantes. Salles de gym, de boxe, salles de espinning se montent à une visite comparable uniquement à l'explosion des salons de coiffure, salons d'esthétique et petits restaurants ou chambres d'hôtes.

Chacune de ces salles rivalise d'ingéniosité pour attirer sa clientèle, prix ou confort, qualité variable des entraineurs et entraineuses, pourquoi pas… Le résultat est la prolifération des musculatures explosives synonymes de bien-être mais surtout de richesse. A la Havane, il est de bon ton de fréquenter la salle de sport ou mieux encore d'embaucher à domicile un coach sportif.

Le chemin est long pour que Cuba, qui vit officiellement depuis soixante ans dans l'opposition totale au grand voisin, accepte de vivre selon un autre modèle. Ce que la Révolution aura esquissé au niveau économique et sociétal elle l'aura finalement raté au niveau culturel, ce malgré des efforts louables et des promesses ensoleillées. Tous les progrès réels d'éducation, de formation, instillés dans une population, autrefois largement analphabètes, n'auront finalement servi, un demi siècle après, qu'à ces mises en scène de mauvais goût. Et c'est un défilé de matrones mal décolorées, affublées de pantalons collants aux couleurs de l'Amérique triomphante, pour les plus pauvres de leggings rouges et bleus, pour les plus fortunées les dernières marques à la mode de l'autre côté du Golfe de Mexico, rachetées à prix d'or au marché noir, ou envoyés par les chers cousins d'Amérique.

Du coup, ces salles toutes petites, souvent cachées dans une maison à peine indiquée de la rue se transforment rapidement en salles de sport dotées d'un petit cabinet d'essayage des dernières nouveautés des dix dernières années en direct du dernier bateau ou de la dernière visite des cousins de Miami. On trouve aussi, sur les cintres de ces arrière-boutiques improvisées, des copies des créations des plus grandes maions de couture occidentales type H&M ou Zara. Frustration quand tu nous tiens ……Qui eût cru que le simple fait de chevaucher un bête vélo statique permettrait à toute une économie parallèle d'exploser.

Il faut appeler un shah un chat

Nous habitons un immeuble qui s'apparente à escalier C. On y dénombre quelques familles de francais, des Canadiens très communautaires, un couple de Chinois peu amènes, des Mexicains avenants et bavards, des Cubains braillards et amateurs de dominos, une Brésilienne sympahique et un Italien tout juste débarqué mais déjà au fait de tout ce qui importe et de tous ceux qui comptent à la Havane…

Dans notre joyeux voisinnage, nous comptons également un charmant monsieur, officiellement Consul d'Iran à Cuba. Je dis bien officiellement car vue la durée de ses missions et son talent pour les langues soit il est regulièrement éjecté d'un poste à l'autre, soit c'est un agent secret très spécial déguisé.

Cet adorable monsieur représente un mystère pour nous. Au bout de six mois, il ne sait toujours pas aligner trois mots d'espagnol ce qui ajouté à ses deux mots de français et les quatre d'anglais nous mène à des conversations profondes et à haute teneur philosophique de l'ordre de *Hola, How are you aller* ??…

Néanmoins, il a un talent culinaire indéniable, et se montre tout à fait charmant avec les dames notamment, ce qui nous change agréablement des persans rencontrés en terres musulmanes. Je le sais parce qu'il nous apporte des mets persans comme du riz au safran, des desserts à l'eau de rose. Il raffole des blondes européennes, ce bien qu'il soit marié.

Il nous a d'ailleurs montré des photos de sa femme, une dame bien charnue hyper maquillée, teinte en blonde et posant de manière particulièrement aguichante. Notre ami Davoud que notre voisine, diplomate américaine, s'obstine à embrasser sur les deux joues et à appeler David, ce qui atteste d'une part du don des Américains en langue (je ne suis moi-même pas bilingue en *farsi* mais prononcer Davoud me parait faisable) et d'autre part des grandes connaissances géostratégiques de nos amis d'outre-atlantique. Visiblement elle n'est pas très consciente qu'affubler un Iranien d'un prénom hébreu n'est peut être pas du meilleur goût mais soit. Bref, pour en revenir à Davoud, visiblement il raffole des blondes. D'ailleurs, il nous dit toujours bonjour en nous étreignant. Moi qui me montrais tres cérémonieuse au début m'inclinant par respect pour ne pas le choquer, je suis hors du coup. Ce monsieur a visiblement rapidement intégré les mœurs locales qui consistent à embrasser avec profusion toute connaissance croisée dans la rue.

De plus, il nous offre toujours des bonbons. Évidemment ça me gêne toujours un peu quand je le rencontre au coin d'un couloir et, qu'après m'avoir regardé d'un air égrillard, m'avoir bizoutée, il me propose des bonbons. Mais, comme on m'a expliqué qu'il ne fallait pas froisser les étrangers et qu'en Orient on ne refusait pas les cadeaux, je me sens obligée d'accepter même si mes dents m'interdisent de manger des sucreries. Je commence à avoir une bonbonnière persane. Ca perd toujours moins de poils que le chat homonyme mais c'est moins sain et plus collant. Enfin, si quelqu'un vient me voir, je pourrai toujours lui offrir des bonbons persans….

Les offrandes de notre diplomate ont redoublé lorsque ma belle et blonde amie de Suisse est venue passer quelques temps chez nous. Sa blondeur diaphane a semblé le submerger de félicité et il est venu nous voir à maintes reprises pour nous faire goûter ses specialités et nous montrer des photos de sa famille. Il passait pratiquement tous les soirs nous faire déguster des douceurs farsi et même farcies. Je reconnais que la nourriture persane est délicieuse et raffinée.

Pourtant, toute amitié connait ses hauts et ses bas comme j'ai pu le constater dernièrement à une festivité organisée par les pays asiatiques. Il a semblé gêné et distant, surtout quand j'ai commencé à le saluer avec chaleur. Il m'a alors discrètement fait comprendre que le lieu n'était pas propice aux effusions. Certes, ces subtilités persannes m'échappent. Pourtant, je les subodorais quand nous l'avons vu moins souriant et carrément terrorisé un soir ou nous étions invités, lui et nous, à une soirée d'anniversaire organisée par une de nos voisines que nous ne connaissions pas, une mozambiquette, charmante dame au demeurant, mais quelque peu portée sur la boisson. Elle nous a conviés dans un restaurant que nous ne connaissions pas et avec des gens que nous n'avions jamais vus. Une vraie tour de Babel ou plutôt une grande case africaine puisque nous étions les seuls Européens et nous sentions un peu fleurs exotiques dans cette Afrique bruyante, rieuse et joyeuse….

Certes, le tonnage de notre hôtesse permet d'étancher une grande soif. Mais, de là à laisser le nombre de bouteilles vides que nous avons eu en spectacle, il y a un pas de géant. Aors que nous contemplions le cimetière de cervoises, en dénombrant au moins une vingtaine de cadavres personnels, notre brave amie mozambiquette a éclaté d'un rire, rendu encore plus tonituant par l'absorption du liquide ambré, et a tenté de forcer notre shah en pleine déroute à s'en descendre une petite. Après un regard crispé vers le ciel, notre ami, dont le *mojito* s'était quand même mystérieusement volatilisé, a tenté de conjurer Allah et à force de grimaces et d'appels à la prière a réussi à se sortir des griffes de la joyeuse dame pour se faire ramener *illico presto* à la mosquée locale histoire de racheter sa présence en ces lieux sataniques…

On l'a senti en plein doute existentiel et il s'est raccroché de justesse à son tapis pour expliquer qu'il devait partir car vraiment c'était l'heure de la prière. Cet immeuble c'est vraiment le choc des cultures, ou la rencontre du muezzin, du rhum cubain et de la bière africaine

Mon sosie et moi ou la pêche au gros

Je sais que je suis assez midinette mais je l'avoue le sirop guimauve de Vincent Delerm me va bien. Sauf que ses chansons auraient eu plus de jus si, au lieu d'évoquer les parisiennes, il avait chanté les Cubaines de 1973 parce qu'avec les noms que ces demoiselles nées dans les dernières décennies du XXe se tartinent ça aurait donné des listes autrement plus rigolotes que les Catherine et Caroline égrenées dans les mélodies du sieur chanteur, Yusimi, Yaneisi, Yudisledi, Yalepsi, Leyani et j'en passe et des meilleures.

C'est pratique car quand quelqu'un vous parle d'une Cubaine qu'il a connu vingt ans auparavant, pour peu qu'elle soit affublée d'un nom du genre Yovisnedi ou Yadeisi vous ne pouvez pas vous tromper. C'est ainsi que nous avons appris qu'une voisine, fascinante par sa péroxydation ratée et ses airs de grande dame, avait jadis défrayé la chronique par ses petites culottes…

Par un curieux retournement de destin, j'ai retrouvé une amie d'une autre vie cubaine, qui me parle de cette dame qu'elle a rencontrée toute jeune et courtement vêtue. Cette jeune personne, déjà fausse blonde mais pas encore blanche de cheveux, tenait alors la caisse d'une supérette, et parfois, les jours de gloire, le rayon charcuterie. Mon amie me raconte que la jeune fille en question avait pour coutume de porter haut les collants et court la jupe, comme dans les années 1980 dans nos contrées. C'est une constante dans ce pays où l'on ne trouve rien que de s'arracher à prix d'or des rogatons refusés des années auparavant dans nos pays du premier monde. Ici, dans ce bout d'un autre monde, atterrissent les articles rejetés, passés d'âge, dépréciés, les aliments expirés, vendus aux pauvres à des prix que personne n'accepterait chez nous. Enfin, c'est ce que j'imagine, car je ne vois pas bien sinon d'où viennent ces stocks de vêtements inmettables partout ailleurs. A croire que tous les invendus de la planète ont été envoyés à Cuba puisque, dès l'arrivée à l'aéroport, les touristes sont suffoqués, non seulement par la chaleur moite mais aussi par la découverte des douanières mafflues courtement vêues de minijupes. De ces modestes chutes de tissu dépassent les jambes dodues à peine couvertes de ces collants ajourés de mère maquerelle. Il s'agit de bas résilles, clairement passés de mode pour le reste de la planète et visiblement symboles érotiques ici ou le collant n'est pas en soi le vêtement le plus indispensable pour résister à la chaleur, et les jours des résilles pas forcément les plus indiqués pour éviter les coups de soleil ou les piqures de moustiques…

Pour en revenir à notre jeune fille, ce qui la caractérisait était la propension de sa minijupe à remonter jusqu'à montrer la culotte. Visiblement, à force de se tortiller pour descendre sa jupe, elle a fini par pêcher un fiancé européen, qui lui a proposé le mariage et a obtenu grand nombre de faveurs dans cette optique puis l'a laissée en plan en rentrant subrepticement dans son pays. Ce qui, il faut malheureusement l'avouer, arrive fréquemment.

Après des mois d'affliction, la pauvre a finalement réussi à mettre la bague au doigt d'un autre Occidental et, depuis, habille beaucoup plus décemment ses rondeurs. Malgré sa nette transformation physique, la maternité changeant radicalement la circonférence et la tenue de ces dames, je la retrouve grâce a son prénom inimitable. J'aurai bien du mal à la regarder de la même manière, maintenant que j'ai des informations sur son passé sulfureux.

Elle n'est pas la seule belle blonde plantureuse au doux prénom américain cubanisé puisqu'il m'est arrivé de rencontrer …. Mon sosie….

Au téléphone quand je l'ai appelée pour la rencontrer, ne sachant pas comment la reconnaître je me suis décrite. Voilà, je suis grande blonde aux yeux clairs, en me disant que dans ce pays j'étais difficile à ne pas identifier. Mais qu'elle n'a pas été ma surprise quand mon interlocutrice m'a répondu qu'elle aussi était grande blonde aux yeux clairs. Je lui ai donc rétorqué qu on se reconnaitrait sans peine, on aurait juste à se regarder dans le miroir. Elle a pouffé.

Quand je l'ai rencontrée en chair et en os, on est rentrées dans une autre dimension. Parce que si mes avantages sont poussés en hauteur, l'excroissance, chez elle, se situe plutôt au niveau du poitraille qu'elle a fort dépoitraillé au demeurant et du fessier qu'elle a fort moulé. Si l'on considère que je suis sa version passée sous un camion, ou plutôt sous presse et donc étirée et aplatie, alors oui on se ressemble pas mal, enfin vu de loin, la nuit dans un tunnel.

Elle est habillée à la mode locale moulant decolleté, avec des couleurs qui n'existent que dans cette île éloignée de tout modèle international.
Il faut dire qu'on en croise des Pamela Anderson ici. Si on doit caractériser la Cubaine par des couleurs ce seront le rouge, le bleu pétard ou peut etre le vert flashy et le jaune canari. Les adjectifs qui me viennent à l'esprit sont débordant, moulant, sexy. Quant aux accessoires, on parlera de talons compensés, caleçons en lycra, décolletés vertigineux. Bref, la Cubaine se caractérise par sa blondeur peroxydée, son fessier et son poitrail protubérants, son maquillage pétaradant. Elle a tout de la californienne de seconde zone et sait afficher avec beaucoup de bonne humeur vulgarité, sexualité agressive et joie de vivre.

Hier à la gym, l'une de ces publicités vivantes pour les méfaits des seins en silicone ahanait sur le tapis de sol au risque de perdre ses faux cils et ses faux ongles à chaque contraction abdominale. J'ai eu du mal à garder mon sérieux pendant la scéance. Pas grave il parait que rire fortifie les abdos. A Cuba, je me prépare des tablettes de chocolat.

Ce matin, telle une sirène, j'ai vu descendre d'un escalier une bimbo que dans nos pays tempérés on qualifierait de pouffiasse, ou autre joli dénomination en *asse* à moins que la terminologie marseillaise de *cagole* ne soit ici plus adaptée. Une vraie fausse blonde, trop peroxydée, avec de belles racines bien nettes bien noires, juchée sur d'interminables talons compensés, essayait désespérément de redescendre la minirobe rouge, moulée serrée sur des rondeurs un peu molles, que visiblement elle avait empruntée à sa petite fille d'une main, alors que de l'autre elle portait cérémonieusement son portable contre son oreille tintinaubulante de verroteries de ses doigts, aux ongles manucurés sur une longueur phénoménale et d'une couleur d'apocalypse. Vision matinale et réjouissante du quotidien laboral havanais.

De toutes façons être robuste ici, est un objectif en soi. D'ailleurs dire à quelqu'un qu'il a grossi est un compliment sur son aspect certes mais surtout sur l'image d'aisance financière qu'il renvoie. C'est être bien nourri en quelques sortes. Il est quasi impossible de faire comprendre à un Cubain qu'une remarque sur le poids n'est pas bien perçue par un Européen.

Mais ce n'est pas tant le surpoids qui étonne voire agresse à Cuba, mais la façon agressive d'afficher des corps très sexués, en tous cas décomplexés. Car en dehors des dames débordantes de leur amour de la vie et des plats trop gras, trop sucrés, les hommes, non contents de bedonner, soulèvent fièrement leur tee-shirt sans manche pour laisser proéminer leur abdomen et se baladent ainsi dans les rues du centre ville. Une sorte de laisser-aller général de l'attitude et du maintien caractérise les Havanais croisés dans la rue. Celui-ci reflète finalement assez l'abandon des façades, les maisons décrépies ou pire complètement en ruine, l'odeur de putréfaction des rues. Evidemment on croise aussi des gens bien mis et l'on voit des maisons bien entretenues mais de manière plus anecdotique.

Classieux le Havanais, rien à dire. Quand en plus il se met à siffler au passage de la blonde ou à hurler (ça je le reconnais c'est plutôt l'apannage des femmes que de s'égosiller dans la rue) un doux nom du style *Yousirmi* (you see me ?) ou *Ousarmi* (US Army), j'avoue que j'adooooore.

La parabole du phoque ou le sport national

Non ce n'est pas la complainte du phoque en Alaska que je vais entonner ici mais plutôt la plainte des phoques de Cuba……

En me promenant dans la rue, je tombe face à une vieille américaine immobilisée. Là je m'arrête deux secondes, dans la rue et dans mon récit.

Dans mon récit car marcher à Cuba témoigne du fait qu'on ne dispose pas de voiture et donc atteste que bien qu'étranger on n'est pas toujours complètement privilégié. Enfin que même chez les privilégiés il existe une hiérarchie. Toujours est-il que bien que marcher dans la rue et la chaleur ne soit guère perçu comme un privilège, cela permet au moins de voir des situations sur lesquelles on glisserait allégrement en voiture. Du bienfait de voir les choses positivement.
Voir une vieille américaine n'est exceptionnel à Cuba contrairement à la Floride voisine que s'il s'agit d'une personne et non pas d'une voiture, car des carosseries de Chevrolet ou de Belair des années 50 c'est plutôt commun ici bas. En revanche, des vieilles dames bien conservées et bien mises, c'est nettement plus rare.

Bon, je reprends mon chemin et m'arrête deux secondes pour profiter de la scène. Cependant, cette vieille voiture américaine immobilisée n'a franchement rien qui pousse à s'arrêter à Cuba, ni parce qu'elle est vieille, ni parce que c'est une voiture américaine, et encore moins parce qu'elle est immobilisée car qui dit vieille implique qu'elle n'est pas forcément au mieux de sa forme, qui dit américaine dit qu'il faut inventer des pièces de rechange qui soit n'existent plus ailleurs, soit sont bloquées dans un pays qui refuse tout commerce avec Cuba au nom du bien ou mal nommé blocus….

En revanche, la scène elle-même attire toute mon attention.

Face à l'énorme épave de couleur pastel, cinq hommes en palabre, le sport national. Derrière la voiture deux de ces types, l'un se gratte la tête, attitude elle aussi commune, l'autre regarde et décrit ce qu'il faut faire, la nature du désastre, posture encore plus commune à Cuba. Le ton monte, chacun sachant mieux que les autres ce qu'il convient de faire. Scène quotidienne. Plus rare, les trois autres personnages ont les mains ou plutôt les pieds dans le cambouis. Ils essayent tant bien que mal de faire bouger la voiture qui visiblement perd de l'huile. L'un des trois, en poussant perd l'équilibre, glisse et se retrouve étalé dans la marre luisante. Il éclate de rire.

J'en aurais pleuré. Pleuré pour lui de dépit, de rage. D'impuissance J'en aurais pleuré pour eux, ces Cubains dénués de tout, réduits à la saleté, la misère, la dégradation quotidiennes. J'en aurai pleuré pour eux qui acceptent l'indignité et la gomment d'un éclat de rire. Peut-être est-ce la seule manière de rendre l'insupportable supportable. L'insoutenable légereté de l'homme comme seule réponse à l'insupportable dureté de la vie.

Cela m'a rappelé un souvenir cubain, celui d'un éclat de rire mêlé à un sentiment de gêne face à cette misère poisseuse mais toujours prise à la dérision.

Dans un élan de découverte maximal, nous avions visité le jardin zoologique puis le zoo de la Havane. Dans le premier, situé dans le quartier de Vedado, nous nous étions apitoyés sur les animaux efflanqués nourris seulement par les oiseaux tombés par hasard dans leur cage ou les chiens errants rafflés dans les rues.

Dans le second, le parc animalier cubain, nous avions été exposés à un vrai faux safari dans la zone des éléphants prêts à aspirer le moindre humain, le moindre aliment passant à proximité. Nous avions craint le pire en nous faufilant dans le vivarium aux cages béantes et nous étions introduit le long des grillages instables des cages des lions. Forts de ces exploits, nous avions jugé l'aquarium moins dangereux.

De fait, en dehors des odeurs pestilentielles et des moustiques tapis dans les eaux stagnantes, les bêtes marines nous paraissaient moins suceptibles de s'échapper de leurs bocaux sales et tristes. L'ensemble ne nous inspirait pas beaucoup de gaité jusqu'au spectacle merveilleux du phoque.

Car à partir de seize heures c'est la fête à l'Aquarium National de La Havane sis entre les 1eres et 3e Avenues au niveau de la rue 66. Spectacles d'otaries, d'éléphants de mer et de phoques, voire de dauphins se succèdent dans une atmosphère de cirque. Au son des cymbales et du sifflet des entraineurs les bestioles déambulent entre le bassin et les seaux de poissons qui leur sont généreusement distribués dans une ile où la population est priée de se passer des nourritures maritimes.

Facile de dire qu'on n'aime pas le poisson lorsqu'il est pratiquement impossible d'en acquérir si on ne le pêche pas soi-même. Car rares, voire inexistantes, sont les poissonneries dans la ville de la Havane pourtant en bord de mer. Et s'il faut aller directement chez les pêcheurs pour trouver son bonheur, c'est de manière totalement illégale et avec les risques que cela implique.

Pour en revenir à l'Aquarium, le phoque sortant de l'eau et enchainant roulades et galipettes valait tous les spectacles de clown jusqu'à son numéro final. Sortant avec désinvolture d'une onde fangeuse notre mammifère apprivoisé fit sa courbette habituelle, ses besoins primaires et les étalant bien au passage se laissa glisser vers l'eau dont la couleur à défaut de s'éclaircir, s'expliquait bien mieux désormais. Les ovations et trépignements saluaient-ils le numéro de phoque savant ou le soulagement du bestiau, il y avait sûrement un peu des deux. Ce spectacle est finalement emblématique de celui, quotidien, de la misère ordinaire cubaine. Rire pour effacer le sordide.

Tels les barbus sortant de leur montagne qui s'emparèrent de la terre de leurs ancêtres ou plutôt de la terre cultivée par les ancêtres de ceux qui en courbant l'échine s'échinaient justement à gagner leur vie. Car notons au passage que sur l'ensemble des barbus, peu étaient des autochtones et encore moins de ceux qui avaient du courber l'échine pour enrichir le grand capital. Entre les premières et secondes générations, ces barbus s'arrogèrent le droit de dicter aux peuples locaux, qu'ils soient réellement locaux ou forcés à s'acculturer, ce qu'il convenait de faire, de ne pas faire et surtout de penser et de ne pas penser ; ils ramassèrent la fange de ce pays et la proposèrent à l'unisson au peuple épuisé de travail, de chaleur, de promiscuité. Ils leur promirent monts et merveilles en partageant cette fange, dont personne ne voulait, entre eux tous. Quant à la véritable richesse qui existait, qui pourrait exister avec cette nature luxuriante peu à peu transformée en déchetterie, qu'en est il advenu ? Partie, évaporée, confisquée mais au profit de qui ?

Mais pleurer, travailler ne servant à rien ici, mieux vaut rire et tailler une bavette.

135

Vélo, voiture, rien ne vaut les pieds

L'autre jour un type m'a arrêtée dans la rue pour vanter le *disegno* de ma *bici,* autrement dit la beauté de mon vieux vélo. *Que bonito el disegno.* Pour un peu j'en serais presque tombée d'étonnement (de ma bici). Car dans le genre vieux biclou, on ne fait pas mieux. En être à me dire que mon vélo est beau, ça on ne me l'avait pas encore fait. Ils sont vraiment prêts a tout pour draguer une ou un étranger.

Il faut dire que mes histoires de vélo me poursuivent et les situations cocasses également. Ailleurs déjà à Chypre, j'étais la seule occidentale à circuler sur mes deux roues. Les Chypriotes sont bien trop enrichis, ou l'étaient, à l'époque, je parle de l'époque bénie d'avant la crise financière de 2008 qui a sinistré l'île, pour sortir de leurs voitures et les hommes me parlaient dès qu'ils me voyaient sortir sur mon destrier. Avec le temps, j'ai fini par comprendre qu'il était tellement incongru de voir une européenne (pardon une caucasienne) sur un vélo, qu'on me prenait pour une fille de l'est et, du coup, on me demandait mes tarifs. Un moment de honte est vite passé dieu merci. Heureusement, mon niveau de grec ne m'aurait pas permis de leur répondre et je me contentais de rouler des yeux effarés puis courroucés. A l'époque nous étions deux Européens, ou plutôt non Philippins dans toute la ville de Nicosie à nous déplacer en bicyclette. Du coup forcément, on était devenus très amis et on avait noué une superbe camaraderie avec le gentil vieux monsieur réparateur de bicyclettes auquel j'ai d'ailleurs légué ma monture lorsque je suis partie.

En fait, je n'aime vraiment pas conduire et j'aime vraiment faire du vélo. Mon désamour de la voiture remonte à la nuit de mes temps puisqu'il m'a déjà fallu lutter contre mon manque de talent et la froideur des examinateurs pour obtenir mon permis, au moyen de nombreux très nombreux cours, mini jupes portées le jour J. Evidemment, motivée comme je l'étais, il m'est arrivé de sombres et nombreuses mésaventures à quatre roues que la pudeur m'oblige à taire.

La dernière en date étant d'avoir retrouvé la voiture qui m'avait généreusement été confiée, pourtant gentiment garée, certes un peu au niveau d'une interdiction de stationner devant une école, mais je vous garantie monsieur l'agent que je n'étais pas la seule à me garer ici. Bref j'ai réussi l'exploit peu courant à Cuba, voire unique en son genre, de retrouver ma voiture immobilisée par un sabot. Je suis restée bouche bée, je n'imaginais pas que ce type d'ustensile existe sous les tropiques. Après enquête, il doit y avoir deux exemplaires sur l'ile et j'ai eu l'insigne honneur d'être ainsi distinguée.

Découvrant l'inconcevable, je suis restée les bras balants, ne sachant comment m'extirper de cette difficile situation. Le voisinage était ravi de cette scène inhabituelle, toute la rue rassemblée pour commenter, expliquer, conseiller. Après avoir pas mal attendu et beaucoup pleurniché, l'ambiance est devenue presque festive, les gens se relayant à mes côtés pour me tenir compagnie, me réconforter, avoir de quoi alimenter les ragots, le temps que la maréchaussée daigne se déplacer.

J'avoue pourtant que je ne me sentais pas bien fière, ni rassurée à l'idée d'expliquer mon forfait à l'agent de service un vendredi soir. Ce qui survient à Cuba ne pouvant pas ressembler à ce qui se passe ailleurs, le policier est arrivé, bien longtemps après avoir reçu mon appel desespéré, il m'a enlevé sans histoire le fâcheux instrument sans évoquer la prison ou tout au moins la fourrière, mot que j'ignore de toute façon, et qui ne doit pas exister ici. Plus incroyable, je n'ai pas dû acquitter d'amende. Je m'en suis sortie avec une leçon de morale et un sourire libidineux. De bonne guerre.

Il vaut mieux, de toutes façons, s'armer de patience à Cuba quand on circule en voiture. Quand les freins ne se rebiffent pas, c'est le levier de vitesse qui vous reste dans les mains. Car la carosserie correspond rarement au reste de la voiture. Pour le moteur, il s'agit souvent d'un gadget surajouté. Quant aux roues et surtout aux pneus, c'est tout un programme. Crever est courant, très courant, voire redondant. Le souci est aggravé par l'absence de roues de secours, et dans le cas où une roue de secours serait localisée dans le coffre à l'endroit prévu à cet effet, elle a de fortes chances de n'être qu'un vestige de crevaisons antérieures. Qu'importe sa taille ou l'état, cela n'empêchera jamais le Cubain, prêt à tout pour toucher un pourboire, de la remonter comme si de rien n'était à la place de la précédente parfois en moins mauvais état.

Bref, avec tous ces déboires je ne suis pas une mordue de la voiture. J'avoue même que, de plus en plus, je me revendique Parisienne bobo ou Européenne écolo et donc je circule à vélo. En dehors du continent européen, en tous cas dans les pays du Golfe ou sur le continent américain, j'ai vraiment l'air d'une originale. De toutes façons, quand on ne peut pas avoir de voiture, il vaut mieux prétendre qu'on adore le vélo. Evidemment, ma revendication a des chances d'échapper complètement aux cubains pour lesquels circuler en vélo signifie qu'on a les moyens d'éviter de marcher ou de prendre la *guagua* mais que l'on ne dispose pas de suffisament pour embaucher un chauffeur ou pour avoir une voiture. Mais au moins je me fais plaisir et je me déplace. Quoiqu'à la Havane, ce soit moins une sinécure que dans d'autres lieux.

Car ici, le vélo est un moyen de communication relativement ordinaire. A Cuba dans son ensemble, c'est un moyen de transport prisé et familial. En général, le père de famille tient le guidon, alors que son épouse du moment s'assied élégamment dessus. Son confort est parfois assuré par un petit coussin. S'il n'y a pas d'enfant, elle peut profiter du porte-bagage pour se serrer contre le conducteur. Dans les cas de famille nombreuse, un autre enfant peut se tenir entre les jambes du cycliste. La même surpopulation peut concerner le vélomoteur ou la moto. Quelle qu'en soit la cylindrée, la selle peut accueillir le conducteur et sa compagne entre lesquels est compressé un enfant. Les casques ne sont obligatoires que s'ils existent, comme les ceintures de sécurité dans les voitures, c'est-à-dire rarement. On voit aussi, plutôt en campagne, des side-cars destinés à transporter la famille élargie, voire le voisinage.

Pour autant, circuler sur un deux-roues, modèle vietnamien en kit mal monté n'est pas toujours une partie de plaisir. Je n'avais pas compris au début qu'il fallait resserer tous les boulons et j'ai commencé par perdre le guidon, la selle puis les pédales. Quelle panique ! Je dois dire que perdre les pédales en plein carrefour c'est grandiose ! La semaine après avoir bloqué la circulation à la recherche de mes pédales, mes freins ont lâché. Quelle sera la prochaine pièce à tomber en rade ?

En plus des problèmes de matériel, pédaler entre les trous et les gaz d'échappement, c'est assez technique, il faut zigzaguer continuellement pour éviter de se trouver coincé dans un affaissement routier, de crever sur une aspérité, de se cogner contre un obstacle, qu'il s'agisse d'un barbecue allumé, d'une branche d'arbre pour signaler un obstacle, d'un sac perdu ou tombé du camion, d'une chaussure abandonnée dans une marre lors d'une averse violente tout en restant attentif au traffic. Car le mobilier urbain étant quasi inexistant, il est remplacé par toute sorte d'objets détournés. L'imagination au pouvoir en terme de signalisation n'est peut être pas toujours idéale pour assurer la sécurité, elle atteste néanmoins d'une vraie recherche expérimentale.
La voiture étant rare et chère, tout conducteur se mue en une sorte de coureur de course que rien ne peut arrêter, surtout pas le piéton ou le vélocipédiste.

Il faut donc rester vigilant et laisser toujours passer la voiture même si elle n'est pas sensément prioritaire, elle pourrait ne pas être munie de freins. Il faut aussi faire attention au piéton qui se jette sous vos roues, au chien qui musarde, voire dort sur la route. Certes, je ne risque pas l'excès de vitesse sur ce veau inconfortable, mais je suis en danger permanent d'enlisement, d'asphyxie, de démantèlement, d'accident.

Et puis, il faut éviter de se laisser asphyxier par les gaz émis par les véhicules. Ici, inutile de préciser qu'il n'y a pas de normes antipollution, et suivre un bus est suicidaire pour les bronches. Un épais nuage de fumée noire nous entoure et nous prend à la gorge. En vérité, la vie du cycliste n'est ni la plus simple ni la plus saine.

Et pourtant, partout je me sens poursuivie par des quidams qui en veulent sinon à mon intégrité, à celle de ma digne monture.
Il est beau, il est beau mais il est à moi. Combien de fois aurais je pu le revendre ce vieux vélo, objet de tous les désirs !
Du coup, je me suis munie d'antivols et cadenas et je paye le parking plus cher que pour une voiture de crainte que ne disparaisse ma magnifique monture pourtant rongée par la rouille et dont les pièces tombent une à une.

Au bout du rouleau

Mon ami S est l'homme le le plus calme de la terre. Il est pilote de chasse. Sa femme me dit constamment qu'il est aussi l'homme le moins bricoleur de la planète et qu'il a tellement de mal avec les boutons qu'il ne sait pas utiliser un lave linge. Du coup, elle se demande vraiment comment il fait pour maitriser ses cadrans de contrôle. Mais il est toujours d'un calme olympien. Elle dit aussi qu'il n'a pas du tout le sens de l'orientation et elle s'inquiète toujours quand il part en mission qu'il ne trouve pas la piste d'atterrissage. Je doute quand même un peu de son honnêteté.

Néanmoins, pour l'énerver il faut quand même y aller. Il habite un merveilleux appartement dominant le Malecon dont le prix permettrait de louer un penthouse sur les Champs Elysées. Il a vraiment tout pour se réjouir de son assignation dans l'Ile des Délices.

Mais lorsque je l ai croisé l'autre jour dans les bureaux de l'agence qui gère son appartement, c'était une tout autre personne.

Il est vrai que Cuba a tendance à user un peu. Il m'a congratulée avec effusion sachant que ce serait sans doute la dernière fois que nous nous verrions puisqu'il revenait chez lui. C'est toujours difficile de quitter un pays, même si y vivre pose parfois des problèmes. On laisse toujours des gens avec lesquels on a passé de bons moments. Et c'est toujours un pan de sa vie qu'on abandonne derrière soi.

Il a attendu que je sois occupée dans un autre bureau pour commencer à se plaindre et là j'ai entendu des hurlements que je n'aurais jamais pu imaginer chez une personne si retenue. Toute la frustration de deux années d'expatriation passées dans cet appartement loué à prix d'or est ressortie face à l'état de délabrement, au manque d'entretien et à l'indifférence de l'agence chargée de collecter les loyers mais logiquement aussi d'administrer les appartements. Visiblement car le deuxième pan de l'opération semblait avoir largement échappé aux responsables de l'*Inmobiliaria*, Agence Immobilière....

Il faut dire que les appartements c'est tout un poème à Cuba, et quand je dis poème, je devrais plutôt parler de chanson de gestes, non seulement il n y a rien mais le peu qu'il y est moche, en mauvais état- voire insalubre et cher.

Alors pourquoi ne pas aller dans une maison puisque celles-ci sont souvent joliment restaurées par des couples cubano étrangers. Ces couples mixtes allient deux parties, la partie cubaine pour l'émission de la propriété, la partie étrangère pour l'apport de fonds nécessaires à l'achat mais surtout pour l'entretien, qui n'est pas précisement la partie forte ici.

Pour se loger,, tout dépend pour les étrangers de leur statut et du ministère auquel est rattaché leur employeur parce que les joyeux étrangers s'ils sont liés de près ou de loin à une ambassade ou à une quelconque entreprise étrangère, elle même quasi forcément en joint-venture, sont par le biais de ces accords, liés à un ministère. Et selon le ministère de rattachement on a droit à une catégorie de logements plus ou moins pire….

Car Cuba est un pays si plaisant à vivre pour les étrangers que seuls ceux qui disposent de sérieux avantages sont prêts à rester dans ce décor de carte postale. Et quand je parle de sérieux avantages, il faut lire salaire ou revenu vraiment décent car le coût de la vie est loin d'être anodin, conjoint(e) local(e), statut diplomatique avec la maison et les facilités d'importation qui vont avec, emploi non lié à un quelconque ministère qui empêcherait de choisir son logement, de conduire un véhicule. Sans quoi, le quotidien a de quoi fatiguer un tantinet. Entre les pénuries, le vacarme, le manque d'efficacité, les pannes et les tracasseries du travail, la durée de résistance n'est pas toujours importante, exception faite une fois de plus des diplomates et assimilés pour lesquels une expatriation cubaine s'apparente souvent à une villégiature de luxe et pour lesquels, en prise sporadique avec les difficultés locales, le départ s'apparente souvent à un arrachement.

Néanmoins, tout le monde ne profite pas de passe droit pour apporter des containers chargés de denrées de luxe introuvables sur le territoire cubain. Et le commun des mortels doit passer ses journées à hanter les rues de la capitale en quête de produits rares tels que farine, laitages, papier hygiénique. Il doit solliciter des voyageurs pour trouver des médicaments parfois de base. Et user d'inventivité pour se meubler ou s'équiper, voire s'habiller. Revendeurs, circuits illicites, bouche à oreille, visiteurs, tout filon s'exploite pour qui n'a pas la chance de venir avec son déménagement.

Les diplomates, du fait d'accords ancestraux entre leurs pays et Cuba, sont la plupart du temps hébergés dans des maisons souvent vieilles mais spacieuses et avec de jolis jardins. Dans certaines entreprises, les gens sont logés en maisons ou dans des immeubles avec piscine. Et puis certains ont moins de chance. Alors, forcément, ils craquent. Quand ils habitent dans un deux-pièces insalubre dont les locataires les plus permanents sont les cafards, les termites et que le salon ressemble à une champignonière et la chambre à une grotte par exemple. Ou quand le salon aveugle n'a pour seul mobilier qu'une barre de pole dancing. On se demande à quoi les architectes ont bien pu penser en concevant ces appartements improbables.

Et quel que soit le type d'appartement, le problème récurrent est un problème de toilettes. Comme si la matière cubaine n'arrivait pas a être expurgée. J'en sais quelque chose moi qui habite au dessus d'un nid d'ordure. Je vais devenir la Jack Nicholson du coin à force de les humer, de les voir et de les savoir là.

Il faut dire qu'habiter la Havane, ça ne ressemble pas tout à fait à une carte postale. On est proche de la mer certes mais la côte est rocheuse et jonchée de detritus. Il y a peu de voitures mais les rues sont noyées dans un épais nuage de carbutrant trafiqué. La musique cubaine est certes belle et rythméee, énergisante à souhait, écoutée dans un bar à Salsa ou réglée à son oreille sur son mp3 mais le raeggeton à plein volume et à longueur de journée ça use un peu. D'autant, qu'en surimpression, on a droit aux braillements des uns et des autres puisque, assourdis par leur musique, les Cubains ne peuvent plus parler ils ne savent que vociférer.

Et puis, il est difficile de faire comprendre à un Cubain que le logis qui vous a été livré presque neuf sur le papier, en fait construit ou réparé avec des matériaux de seconde qualité, bricolé au besoin quand viennent à manquer des ustensiles qui nous paraissent élémentaires dans nos pays de nantis, ne convient pas.
Le système de vols sur les chantiers fait qu'*a priori* on ne voit rien, mais à l'usage la pièce défectueuse remonte à la surface, les carreaux de second choix se fendillent, le cable non doublé finit par rendre l'âme, le tuyau raccourci n'est plus jointif. Inutile de s'emporter parce que la climatisation ne fonctionne pas ou que les fenêtres ne sont pas hermétiques, auprès de gens qui vivent sur le porche de leur masure tant il fait chaud à l'intérieur et tant *in fine* l'intérieur et l'extérieur ne font qu'un. Inutile de s'énerver contre les carreaux mal posés ou décollés auprès de gens qui vivent les pieds sur la terre battue ou, au mieux, sur du béton. Impossible de s'énerver après les coupures d'électricité quand on jouit de l'énorme avantage d'un groupe électrogène qui permet d'alimenter un réfrigérateur et comble du luxe, un congélateur, des plaques chauffantes mais aussi un four. Nous sommes des nantis et, à ce titre, tout reproche est malvenu.

Pourtant, la vie au quotidien même dans ces habitations pour étrangers, voire pour quelques rares Cubains, en l'occurrence Cubaines qui auraient décroché le pactole, à savoir épouser un étranger, finit par peser à l'Occidental habitué à un certain confort et surtout une relative tranquilité. L'étranger pour lequel, une coupure d'électricité, une panne d'eau relèvent de l'anecdote décennale. L'étranger qui considère comme insoutenable d'être envahi par les insectes les plus répugnants, qui considère les nuisances sonores et olfactives comme une agression malvenue dans un logement qui lui est loué plus cher que s'il était situé dans les quartiers les plus huppés de Paris. Je ne mentionne ici bien évidemment pas les errements de la maintenance, les fuites, les matériaux manquants à la base ou en cours de route.

Il arrive, par exemple, que le voisinage qui tout au début semblait relativement inodore et inoffensif se révèle en son état naturel. A savoir que les voisins cubains se réveillent et se mettent à écouter la musique, à s'interpeller. Dans un pays où l'espace est public et la promiscuité normale, la saturation du champ sonore est monnaie courante. On ne parle pas, on hurle, on n'écoute pas de la musique, on la met en fond sonore à plein volume de manière à couvrir tout cheminement du cerveau, les klaxons le disputent aux moteurs pétaradants, les gens ne se font pas signe, ils s'interpellent en s'exclamant bruyamment.

La propriété n'existait pratiquement pas ces dernières décennies, je l'écris au passé parce que les propriétaires d'avant 1960 *qui ne sont pas partis en vacances en Floride* selon la formule consacrée (…) se sont accroché à leurs possessions, raréfiées, de plus en plus clairsemées et décaties mais y sont restés accrochés. Toujours est-il que dans ce pays où chacun partage le bien de tous, chacun se moque aussi du bien de tous. Et le bruit s'ajoute à d'autres nuisances plus olfactives, comme les ordures jetées négligemment, en tous lieux, les rues transformées en pissotières publiques. On m'a retorqué un jour alors que je faisais une remarque sur un type qui se soulageait sereinement dans la rue *c'était un noir donc il n'y a rien à faire*. Le racisme ordinaire n'ayant aucune prise sur les odeurs, j'ai continué ma croisade contre la saleté et l'insalubrité en invoquant le danger pour la santé que représentait les tas d'immondices, les excréments, les flaques d'eau saumâtre. J'ai montré les nuages de moustiques maléfiques, mais il semble que depuis que l'épidémie de Zyka a été reconnue comme présente à Cuba, plus aucun traitement ne soit appliqué, plus de fumigation préventive, plus de campagnes de santé publique. Bref cela, comme le reste, tombe à vau l'eau.

J'ai beau pleurer, m'égosiller, rien ne bouge et le seul résultat est que mon degré de tolérance à la crasse ambiante est en train de s'effriter totalement. Je n'en peux plus d'attacher mon vélo à des grilles rouillées arrosées d'urine, de ressortir de mes expéditions pédestres les pieds crottés de toutes sortes d'immondices, de humer les odeurs pestilentielles, de voir partout les tas d'ordures, d'aller à la plage pour nager entre les sacs plastiques et les cannettes vides. Ce n'est certes pas la vue que j'avais conservée de Cuba il y a quelques années. Un pays pauvre mais digne et éduqué.

Aujourd'hui il n'y a plus qu'un pays pauvre. Pauvre matériellement, mais pauvre aussi dans sa population qui n'a plus cette richesse culturelle, cette fierté. Pauvre dans ses traditions gommées pour être remplacées par de la soupe à la sauce yankie, tatouages agressifs, casquettes à l'envers et mauvaise éducation, musique à plein volume. Le respect est une notion en voie de disparition, l'intelligence a dû fuir le pays, le raffinement est en exil. Qu'il n'y ait rien dans les magasins était une triste réalité, que l'on espérait temporaire. Et que l'on sait durer maintenant.

Tout le monde essaye d'arnaquer tout le monde, rien ne fonctionne, mais certains en tirent avantage de toute évidence. Tout sent la décomposition comme si le pays en son entier était rongé par un mal incurable et se voilait les yeux devant cette phase ultime.

Le pays est au bout du rouleau, les murs et les toits des maisons s'écroulent, et les pénuries constantes de papier hygiénique ne sont qu'une image bien pitoyable de ces manques et de cette déliquessence dans lesquels tous, et surtout les partisans du parti, semblent se complaire.

Mal(e) des transports

C'est une vraie galère dans ce pays que le transport, c'est le cas de le dire. Si les services publics existent, il faut aimer la promiscuité, les odeurs et l'attente. Mais aussi les horaires erratiques, voire l'absence totale d'horaires, la sueur et les larmes. Bref la *guagua* n'est vraiment pas une partie de plaisir. Bon, il y a aussi la *machina* dite *almendron* ou taxi collectif, vieille voiture américaine en piteux état. Celles qui sont les plus belles sont rafistolées et font office de taxi pour touriste. Mais là aussi, attention les yeux les oreilles et les nasaux en raison du bruit, de la pollution et du soleil.

Il m'en arrive toujours de belles dans la *machina*. Une fois, la porte s'est ouverte en plein virage. Heureusement, sur le tableau de bord, un petit panneau précisait que Jésus nous accompagnait sans quoi j'aurais vraiment eu peur. J'étais cramponnée au siège. Il n'y a en effet pas de courroie ou de barre à laquelle s'accrocher, tout est en kit remonté dans ces vieux modèles. Quant aux ceintures de sécurité, elles sont en option. Les moteurs sont rarement ceux annoncés par la carrosserie et chaque voiture arbore des sièges maisons. J'ai même vu, de mes yeux, un chassis de fenêtre monté en guise de pare-brise.

Parfois, le chauffeur est charmant, collant genre à se mélanger entre le levier de vitesse et ma jambe, parfois au contraire il est détestable et arrogant comme les Havanais le sont souvent, eux qui considèrent tout étranger qu'il soit *palestino*, de l'est du pays, plouc quoi, ou étranger vraiment d'ailleurs, comme un abruti. En un sens le Havanais est un vrai parisien. Sauf que le Havanais, lui, est chauffeur de taxi. Vous noterez la subtilté. Parfois, il se contente d'être bourru. J'en ai vu un qui demandait aux passagers de descendre dans les montées pour pousser ou, pour le moins, alléger. Ah ah ! Fernand Raynaud aurait adoré, non pas quand *vous descendrez montez donc* mais *quand vous monterez, descendez donc,* se serait-il exclamé ! Quand je dis que vivre à la Havane est un vrai sketch.

L'autre matin, de bon matin, je suis montée dans un collectif ou les Bee Gees hurlaient en volume maximal et, dans cette ambiance psychédélique de boite de nuit, j'étais coincée entre l'arrière-train XXL d'une femme au visage fermé, mais aux fesses ondulantes et un gars odorant, cuvant les restes de sa nuit. Motivant pour débuter sa journée de travail.

Certains optent pour le chauffeur mais le problème est de le fidéliser au pays de Fidel, pouvoir occuper ce brave homme de manière régulière, car c'est une profession majoritairement masculine que de tenir le volant. Quelques-uns se montrent particulièrement désagréables, refusant tout compromis, voire les services de base, car ils gagnent quand même plus à faire le chauffeur épisodique pour des touristes de passage. Ils ne reviennent qu'en basse saison touristique, un peu piteux et étonné d'être éconduits.
Le souci, quand on en a trouvé un, c'est donc bien de le garder car ensuite pour le remplacer, l'affaire tient de la haute voltige. Une de mes voisines, qui traite plutôt bien son petit personnel, a vu défiler sept candidats en une semaine pour remplacer celui qui lui avait filé entre les doigts la semaine d'avant. Le summum a été atteint quand elle en a vu un se présenter pour emmener ses deux enfants à l'école en moto. Elle a fini par s'acheter un scooter sur lequel elle trimballe elle-même sa petite tribu, elle gère ainsi ses risques toute seule.

Or, il faut dire que la moto ça parait presque aussi indiqué que mon vélo car entre les tnids de poule et les gaz d'échappement, les travaux et les chauffards, la route n'est pas dangereuse du tout à la Havane, comme on peut l'imaginer.

On y fait toute sorte de rencontres intéressantes. Outre les trous, que dis je les ornières, les chiens errants, les chats suicidaires ou suicidés, les humains qui se jettent sur la route pour la traverser au moment où se pointe un véhicule sans pour autant connaitre la fiabilité des freins du véhicule en question, les ordures de toutes sortes, la chaussée peut être ornée de batons plantés ou de braseros pour indiquer un danger. Elle peut être encombrée de fils électriques, transformée en terrain de foot improvisé, occupée par un campement de poules ou de chèvres. Ou tout simplement enveloppée dans le brouillard épais de gaz d'échappement traffiqués, non purifiés ou mélangés de manière un tantinet aléatoire. Ces mêmes gaz, qui empuantissent la ville, puisqu'une spécialité cubaine est de ne jamais éteindre le moteur par crainte qu'il ne reparte plus et ainsi d'enfumer tout le voisinnage…

Si on déplore l'état des routes, les visites de dignitaires tels Barak Obama ou le pape François ont permis de bitumer certaines artères. Néanmoins, à la mode cubaine, on coule une énorme quantité de goudron sans s'occuper de réparer les trous qui se reforment à la première grande pluie avec le risque qu'on les ait oubliés pendant les quelques mois où aura tenu le maquillage routier. Certains trajets principaux, les grandes artères, donnent ainsi le change, alors même que la moindre petite transversale aura raison des essieux, amortisseurs de la voiture la plus solide. C'est encore pire la nuit, car rien n est indiqué par manque de lampe mais surtout de courant, et la ville est plongée dans le noir, faute d'électricité. Du coup, si on ne fait pas attention on risque sa vie, sa voiture et son dos.

Bon finalement avoir une voiture n'est pas la panacée car il faut quand même lui donner à boire à cette brave voiture. Et que lui donner dans un pays en proie à des pénuries chroniques ? Car l'essence, faut-il le rappeler, n'est pas vraiment produite localement. N'en déplaise aux autorités, en échange de sucre, de médecins ou de professeurs, Cuba a vécu sous intraveineuse américaine puis soviétique puis vénézuélienne. Mais avec la violente crise économique et politique que traverse le Vénézuéla, des coupures dans l'approvisionnement se produisent de plus en plus fréquemment, les stations cubaines grippent. Comme elles sont dangereuses ces stations essences fréquentées par des automobilistes qui, bravant tous les dangers, inconscients du risque, ou simplement lassés d'attendre de nombreuses heures pour pouvoir faire le plein, s'en grillent une petite sur le capot !

On se rend compte à quel point l'on dépend de ces huiles essentielles quand, après chaque refroidissement politique ou climatique, les stations ne sont plus alimentées et que s'ensuivent des lignes interminables pour tenter de trouver du carburant. Des files ininterrompues d'automobilistes paniqués font la queue devant les stations essence pour obtenir éventuellement, après des heures d'attente, quelques gouttes du précieux liquide. Souvent, très souvent, trop souvent, l'attente interminable ne sert pas et il faut alors repartir à l'assaut d'une nouvelle station essence. Pour un simple plein, il faut parfois traverser toute la ville dans les deux sens et s'arrêter plein d'espoir à chaque kiosque *cupet*. L'autre marque, ironiquement appelée *Oro Negro,* reste réservée à la seule consommation des voitures des Cubains. Eu égard à la qualité du carburant réservé aux voitures des étrangers, on peut imaginer ce qui est laissé aux locaux. D'ailleurs on le comprend très vite aux nuages noirs qui sortent des pots d'échappement.

Dans ces périodes de disette pétrolière, tout comme à vrai dire pendant les périodes de pluie, Les taxis ne sortent plus. Que ce soit parce qu'ils n'ont pas d'essence ou paas d'essuies-glace en état de fonctionner, ils ne peuvent sortir que si les meilleures conditions sont réunies. Ces jours là, les bus sont encore plus bondés qu'en temps ordinaire. Du coup, avec mon vélo je finis par passer pour une warrior. D'autres rusent encore davantage avec leur cheval ou leur bœuf. Pas besoin de pétrole, l'herbe suffit.

Dans ce malaise constant des transports, une poignée d'irréductibles semblent pourtant à la fête, il s'agit des chauffeurs d'ambassade. Pour être voisins d'une ambassade, nous les avons longuement observés. Ces chauffeurs hautement spécialisés mènent une vie qui m'a l'air tout à fait enviable, et respectable. Les plus chanceux ou privilégiés chauffent des ambassadeurs et se réunissent tous les deux jours à chaque soirée diplomatique. En effet, si nos chers représentants ne nous sont d'aucune utilité sur place et sont visiblement en vacances au moment des cyclones et autres accidents politiques ou climatiques, en revanche, on les voit se rappeler à notre bon souvenir au moment des élections et on les croise de loin en loin lors dans les salles de concert ou autre fiesta en devises. Surtout, ils sont très occupés par les soirées mondaines dans lesquelles ils se retrouvent régulièrement. Pour le reste, nous n'apprenons que l'ambassade de France a organisé un évênement que lorque nous sommes conviés par des amis polonais, espagnols ou mexicains. Ou encore parce que les entreprises francaises ont donné de l'argent pour une quelconque manifestation à laquelle ne sont de toutes facons invités que les diplomates puisqu'ils ne sortent qu'entre eux et ne se mélangent quand même pas avec le menu frettin du monde de l'entreprise. Cela tombe bien, ces professionnels ne sortent pas suffisamment tôt pour assister aux soirées diplomatiques.

Ma hargne, malvenue car liée à une période et donc un mandat, m'éloignant de mon sujet présent, j'en reviens à mon problème de transports.

Il faut dire que nous ne sommes pas à la hauteur des largesses étatiques et loin des limousines et des belles maisons de fonction nous nous contentons de chauffer un char chinois, comme dirait les québécois, inconnu dans le premier monde où on le confondrait avec un char à boeufs.

Il n'y a pas de quoi se plaindre me diront les connaisseurs car honnêtement, la voiture *Geely* franchement ça c'est de la caisse…Même si certains ont le droit à la *Peyo* (Peugeot prononcé avec l'accent local) modèle vintage (c'est-à-dire avec quelques heures de vol), la Geely chinoise il n'y a pas mieux, en bruit, étanchéité, simplicité, on se croirait revenu dans les seventies. Mais bon, tant que ça a un moteur et quatre roues ça roule non ?

Elle prend certes un peu l'eau les jours de pluie, ce n'est pas ce qu'il y a de plus confortable, il vaut mieux ne pas souffrir du dos et aimer se baisser, ne pas être dérangé par la crasse incrustée mais globalement, tant que le levier de vitesse ne vous reste pas entre les mains et que les freins ne lâchent pas, elle avance, certes pas très vite mais les routes ne permettent pas de dépasser les cent kilomètres à l'heure. Elle vous transporte, ce qui est le but finalement.

Alors, me direz vous, entre la voiture, le taxi, le *collectivo,* le vélo, la voiture, quel mode de transport est le plus conseillé à la Havane ? Je dirais que d'un point de vue sécurité et fiabilité, on n'a pas encore inventé mieux que les pieds. En plus ça ne pollue pas et c'est bon pour la ligne…Ils ont tout bon les Cubains finalement avec cette solution écologique, économique, hygiénique, garantie sans grève non ?

Trotsky à l'école

L'école francaise n'avait pas daigné répondre lorsque j'avais envoyé mon cv en arrivant à Cuba l'année précédente. J'en avais conçu beaucoup d'amertume et m'étais une nouvelle fois posée des questions existentielles. Je m'étais d'autant plus interrogée en voyant la qualité du recrutement. Dans cette école merveilleuse, on préfère propulser un professeur d'éducation physique en histoire sous prétexte qu'il a le CAPES en éducation physique. Il a le CAPES, quelqu'il soit et il faut attester de la présence de certifiés dans l'établissement pour une éventuelle homologation. Et tant pis si l'éducation physique est bien une matière dans laquelle on pourrait avoir recours aux ressources humaines locales. Voici pour la logique imparable de notre bien aimée Education Nationale. Mieux vaut un CAPES en art apliqué mais le CAPES plutôt que quelqu'un qui connait un peu le sujet, et éventuellement a suivi une formation sur le sujet. De quelle expérience peut-on se targuer en temps que professeur d'Histoire quand on en a simplement fait sa spécialité depuis plusieurs décades face à un CAPES d'Education Physique ? Ceci dit sans animosité pour le sportif concerné, fort charmant et impliqué au demeurant.

Face à une logique aussi imparable, je ne me suis plus sentie très motivée par l'école. Jusqu'à ce qu'on me rappelle pour me proposer un poste d'institutrice. J'ai eu beau expliquer que les jeunes en dessous de onze ans cela n'était pas tout à fait ma tasse de thé, on m'a rétorqué que ce n'était pas grave, c'était même pareil, l'expérience de l'enseignement reste l'expérience. Dans ce cas nous admirons toujours la logique, un enfant de quatre ans ou un adolescent, c'est pareil, c'est un jeune de moins de dix-huit ans.

Quelle n'a pas été ma surprise donc, quand on m'a appelée pour un remplacement de trois jours en Histoire, dans Ma matière. J'imagine que les parents exaspérés par les prix de l'école et les absences répétées du professeur d'éducation physique transformé en historien de choc par la magie cubaine ont du vraiment insister pour que soit convoquée une remplacante de la dernière chance….

Jusque là tout va bien, j'arrive quand même un peu en reculant et ne regrette pas d'être venue dès le premier appel. Car quand même avoir dans sa classe Cosette, Trotsky et Arletty ce n'est pas donné à tout le monde.

Je savais que les noms les plus divers pouvaient affubler les pauvres enfants du vingt-et-unième siècle. A l'école de la Havane, Onédollar, ainsi nommé à cause du précieux billet vert, est assis à côté de Uesnévy, prénommé en l'honneur des bateaux de la marine américaine. Happybeurzday discute avec Yusimi-you see me-. J'avoue que j'ai eu du mal à faire l'appel sans demander comment allaient les Thénardier ou sans entonner l'Internationale. Si j'étais restée, je leur aurais demandé un exposé sur les Misérables. Enfin pas sûr que la pauvre Cosette aurait compris quoique ce soit. Vingt cinq ans en Seconde, ma foi c'est un beau record. A vrai dire, il faut quand même y croire pour mettre ses enfants dans une école pareille.

Bref, je veux enseigner l'Histoire, mais je n'ai ni vocation à dompter les lions, ni à distribuer les perles dans la porcherie et surtout je ne sais pas expliquer des concepts historiques à des illettrés seulement intéressés par la prochaine salsa party à la plage. Je dois dire que le petit béninois qui m'a accusée de ne m'intéresser qu'à l'histoire de France et de dire n'importe quoi sur les chevaliers m'a grandement agacée.

Ce type de remarque ne semble gêner que moi. On m'explique que son papa diplomate n'est pas très conciliant et qu'il convient de ne pas le fâcher et par conséquent de surnoter son rejeton. Certains enfants, ainsi privilégiés par la magie du statut parental, passent de classe en classe, sans forcément briller par leur présence ou leurs résultats, alors que d'autres doivent travailler comme des fous faute d'aide francophone à la maison. Car la nationalité donne accès à l'école, voire à des Bourses mais pas forcément à la culture française hors école. Et certains enfants n'ont de français que les petits spermatozoïdes et la reconnaissance officielle laissés par le papa. Cela n'est pas propre à Cuba bien sûr, tant ces écoles françaises de l'étranger représentent un cas curieux d'établissemnt public mais privé. Privé par le prix dont doivent s'acquitter les entreprises, organismes embauchant les parents ou les parents eux-mêmes. Pour autant, ces écoles restent publiques dans le fonctionnement. On arrive ainsi à ce casse tête d'écoles privées pour les utilisateurs, qui se comportent de ce fait en consommateurs et attendent un service à la hauteur de leur engagement financier mais fonctionnant de manière publique, avec un personnel qui ne veut pas forcément donner plus que ce pour quoi il est payé. Je parle ici surtout de l'administratif car on trouve toujours des enseignants remarquables et impliqués dans ce type d'établissements.

Bref après une semaine de bons, je l'espère, et loyaux services à tenter d'inculquer des dates, des mots clés, des notions de croquis à ces jeunes gentils mais pas toujours très réveillés voire éveillés, je suis partie sans un merci ni autre forme de procès parce qu'ici si vous ne copinez pas avec le directeur qui préfère passer ses journées à la piscine avec de jeunes métisses, vous ne risquez pas d'avoir une grande carrière. Ce qui explique que les quatre-cinquième du corps enseignant soient locaux. Enfin pour être honnête, je devrais dire que les locaux autochtones coûtent sensiblement moins cher que les locaux étrangers et surtout français. Locaux veut dire ici employés avec un salaire local qui dépend de la nationalité d'origine et donc qui varie grandement. On imagine les degrés d'implication professionnelle, les jalousies et autres jolies mesquineries qui en découlent. Je ne suis décidément pas faite pour l'enseignement. Si tant est que l'enseignement ne se limite pas à partager un savoir.

Il faut reconnaitre que les Français de France ont la sale manie de mettre des sales notes alors que jamais un autochtone ne prendrait le risque de décevoir un parent d'élève. Alors forcément tout le monde préfère une école peuplée d'élèves ignares mais débordant de bonnes notes à des élèves forcés d'apprendre leurs leçons et donc notés selon leur niveau réel.

L'avantage c'est que l'on donne sa chance à tout le monde et que les derniers ont une réelle chance de finir premiers dans ce type d'école où la seule qualité d'un élève est sa sagesse et la libéralité de ses parents. Serait-ce là une école selon la Bible où les derniers seront les premiers ?

Finalement, cette semaine passée avec des collègues qui n'ont jamais mis les pieds dans le système francais ou qui ne connaissent rien de la matière qu'ils enseignent, ne m'a pas vraiment remotivée à travailler en milieu scolaire. Je ne dois pas être faite pour enseigner. Il me faut le noter pour ne plus jamais être tentée de passer le CAPES.

L'ouragan n'est pas le pire

Depuis le dernier ouragan, beaucoup d'eau a coulé sous les ponts, c'est le cas de le dire et même sur les ponts.

En deux mois, l'ile a pansé ses plaies et les énormes dégâts ont en partie été gommés. Il est vrai que Cuba n'est que trop habituée à ces lendemains de cyclones, tempêtes tropicales qui la frappent régulièrement avec une belle intensité. Car si les médias s'appesantissent sur les terribles vents dévastateurs en Floride ou au Texas, sur les morts américains, ils oublient que, dans la majorité des cas, le cyclone s'est formé sur les Antilles et a pris toute son ampleur entre Haiti et Cuba. En général, les iles francophones sont très affectées mais nos journaux nationaux s'intéressent davantage aux ravages et à la misère qui frappe Haiti, puisque c'est le plus souvent la partie Ouest de Hispanolia qui est touchée.

Quant à Cuba, quel intérêt de parler des cyclones qui la saccagent périodiquement tant ils sont bien gérés. Il y a là un paradoxe à souligner. Nos médias, si partiaux pour souligner les faux exploits cubains, de la médecine à la recherche, taisent une des incontestables réussites de l'île, la gestion des catastrophes naturelles. Car, pour le coup, la coercition et l'autoritarisme font merveille en matière de préparation, information, confinement de la population, et mise à disposition des ressources humaines et matérielles en vue d'une reconstruction rapide. En ce qui concerne la source de revenu numéro un en tous cas le tourisme, car pour le reste la population est moins gâtée.

Ainsi deux mois après les dernières tempêtes d'Octobre, les hôtels internationaux rouvrent peu à peu pour les touristes en mal de soleil et les Cubains en mal d'argent. L'épisode a permis de faire le ménage au niveau des bâtiments vieillis et des *casas particulieres* devenues un peu trop nombreuses et voyantes. En revanche, les infrastructures et maisons locales ne bénéficient de ce coup de jeune que si elles sont trop visiblement affectées.

A la Havane, rien ne change ou presque. Comme si, le cyclone passé, la vie revenait à son ordinaire. Les ordures s'accumulent toujours et contribuent à empuantir l'atmosphère déjà viciée par les gaz d'échappements. Les Cubains continuent à s'égosiller et s'apostropher à plein poumon et dieu sait que la cage thoracique des dames est développée.

On continue à courir partout pour palier les différentes pénuries, papier hygiénique, farine, beurre, œufs. Oui, des produits superflus. Et les raisons de ces pénuries sont toujours assez recherchées. Il n'y a plus de papier car il n'y a plus de bois, plus de beurre parce que les vaches n'ont pas assez à manger. C'est d'autant plus bizarre que le beurre vient le plus souvent de Pologne. On ne trouve plus d'œufs parce que les poules ont eu peur de l'ouragan et que comme il n'y a pas de psychologue pour poule il faut attendre qu'elles se remettent. Il n'y a plus de sucre à cause des intempéries et il faut en faire venir de France. Les légumes, eux, ont disparu, abimés par les vents, desséchés ou envolés pendant la tempête. Et l'on pourrait égrener la liste à l'envi.

Il faut dire que les rares rescapés ne font guère envie sur les étals, cabossés, terreux, quand ils ne sont pas mangés par les vers. Ils sont finalement tout à fait en accord avec le cadre ambiant. Les étals n'ont de charmant que les couleurs. Pour le reste, il faut supporter les pestilences humaines mêlées aux odeurs de putréfaction des fruits et aux excréments animaux pour accepter de se rendre dans les rues jonchées de saletés et dans les marchés. Les jardins se transforment en déchetteries, les flaques côtoient les montagnes de détritus. La ville semble vouée à l'abandon et la désolation post-cyclone la prédispose à des pénuries en eau, en aliments, en médicaments, en électricité mais aussi à bien des épidémies.

Du coup, avant et après la saison des ouragans, les campagnes de fumigation autrefois imposées par le gouvernement préoccupé d'hygiène publique et soucieux d'éviter les épidémies étaient courantes. Elles se sont espacées faute de moyens jusqu'à quasi s'évanouir. Est-ce un mal ?
Ces visites régulières des hommes en combinaison intégrale, porteurs et distributeurs de produits toxiques, noyaient les quartiers, sans avis préalable, dans un épais brouillard irrespirable. Grâce à ces interventions musclées, qui obligeaient tout citoyen à ouvrir sa maison pour la voir disparaitre sous un infranchissable manteau pestilentiel, on ne mourrait donc plus de la malaria mais du produit destiné à éradiquer l'insecte fauteur de trouble. Une fois dissipé le nuage, le sol restait si collant qu'il fallait plusieurs lavages intensifs pour espérer le récupérer. A l'odeur, il paraissait évident que si les moustiques ne trépassaient pas, les humains eux ne survivraient pas bien longtemps. Du coup je profite de mes dernières minutes de vie pour écrire ces quelques lignes…

Traumatisme sanitaire

Trouver des lieux d'aisance à Cuba, et je ne parle pas ici de sanitaires propres mais de simples toilettes publiques, s'apparente à la quête du Graal. A un moment de ma vie cubaine, j'ai voulu écrire un guide des toilettes à la Havane en pensant que ce serait d'utilité publique. Mais j'ai séché, si je puis dire dès la troisième ligne. Faute de matière, point de guide, ni même de liste.

Quand on en trouve, ce qui s'avère bien exceptionnel, elles sont sales, dépourvues, de savon, de papier, de poubelles, puisque le papier se jette dans les poubelles et non dans les cuvettes, ce qui au passage est des plus ragoûtant, surtout dans un climat tropical et dans un pays où le travail, en l'occurrence le vidage de ces poubelles est aléatoire. Elles peuvent aussi tout simplement manquer d'eau. Et si elles manquent d'eau, vous le savez avant d'y pénétrer pour des raisons olfactives. Il convient donc d'équilibrer entre l'envie de se vider par en haut ou par en bas, ou se raisonner et se dire que l'on pourra bien attendre quelques heures de plus.

En raison de la quantité d'eau que le climat pousse à ingurgiter, les petites amibes ou autres joyeusetés causées par la viande trop exposée sur les marchés ou maintenue dans une chaine du froid qui n'a de chaine ou de froid que le nom, les œufs frais de l'année précédente, les légumes mal rincés à l'eau à peine potable sortie de canalisations en décomposition, on est en général bien marri de repousser sa visite aux lieux intimes mais, encore une fois, celle-ci est elle conditionnée à la délicatesse olfactive et visuelle de chacun.

Quels que soient les lieux et leur état, une dame pipi attend immanquablement, immanquablement désagréable, pour vous glisser deux feuilles de papier prédécoupées, ou rien faute de papier, mais en tous cas pour indiquer avec véhémence la coupelle dans laquelle déposer son obole.

S'ajoute un petit souci, finalement de l'ordre de la vétille vues les conditions, c'est que les toilettes, si elles existent, si on les trouve et si elles sont ouvertes, si elles sont munies de portes, ne ferment pratiquement jamais. Le loquet, s'il a eu existé, a disparu vers d'autres cieux.

Il ne faut donc pas craindre d'être exposé à tous les vents, en tous cas à tous les regards ou d'être interrompus par des ouvertures de portes intempestives durant l'opération.

Ceci étant, mieux vaut ne pas s'enfermer, comme si cela était possible, pour éviter de rester coincé dans des lieux aussi plaisants avec le risque de ne pas pouvoir rouvrir le loquet rouillé, le verrou brinquebalant sans démonter la porte complète. Rester enfermé dans ce type d'endroits à Cuba tient de la torture, de l'expérience quasi mystique, et donne une envie immédiate de se retrouver en pleine nature pour y déposer son empreinte et surtout se remettre de l'horreur d'une humanité en déliquescence.

Evidemment, on en vient à se demander si l'occlusion intestinale ne serait pas la meilleure solution. A moins que les sondes et poches utilisées par nos amies canadiennes durant leurs longs trajets en voiture n'offrent une aimable mais répugnante solution. Il y aurait certainement à gagner de pratiquer un détachement total et d'oublier que l'on s'oublie. Feindre l'étonnement de laisser des marques autour de soi ou les ignorer complètement.

On finit par comprendre, à défaut de compatir à, l'attitude locale qui consiste à s'adosser à n'importe quel pan de mur dans la rue, aux vues de tous pour se soulager. Qu'il doit falloir dégringoler dans l'échelle de l'humanité pour en arriver là….

Appartement de charme pour charmants habitants

S'il est un problème à la Havane c'est bien celui du logement. Entre autres….

C'est un cauchemard pour les locaux dans le meilleur des cas logés dans les appartements ou maisons de famille, mais dans l'impossibilité de quitter les lieux depuis la glorieuse Révolution sous peine de perdre tout droit à un toit. Le logement dans lequel ils naissent est le logement dans lequel ils se doivent de vivre, avec tous les leurs, ce jusqu'à extinction des feux.

C'est un drame pour ceux qui, bravant les interdictions, ont décidé de s'opposer à l'Etat et de changer de ville, voire de province. Mais c'est aussi un casse-tête pour les étrangers qui se voient attribuer des appartements parfois insalubres pour des prix délirants et sans possibilité de refuser les directives locales.

Heureusement, il est des gens extraordinaires pour pallier ces difficultés de la vie à Cuba. Parmi eux, le responsable de l'agence immobilière gouvernementale chargé de trouver des logements à tout un tas d'étrangers exigeants. Il est gentil et plutôt sympathique ceci dit, mais vraiment pas le roi de l'organisation. Il lui prend des idées saugrenues, comme attribuer aux étrangers des villas désaffectées en bord de mer, autrefois occupées par les mafieux avant de devenir lieu de soin et villégiature pour les enfants de Tchernobyl, ouvertes à tous les vents et à tous les cafards. Il aime bien entasser ses clients dans des barres de logements sociaux avec des systèmes d'air conditionnés bruyants. Il ne veut pas donner de mauvaises habitudes et gentiment évite de créer des envies qui pourraient ne pas être satisfaites ailleurs que dans ce paradis qu'est Cuba, genre appartements en bon état, bien placés. Bref il a à coeur de faire de tout Occidental un quasi Cubain.

On peut dire que ce brave monsieur a gagné le grand prix international des oreilles décoratives. Car ces appendices posés sur les cotés de sa tête, je ne vois pas bien à quoi ils lui servent dans la mesure où il n'écoute que sa petite musique interne. Celle-ci lui dicte des grandes choses, comme de faire déménager en dehors de la Havane bien au delà du tunnel et de l'autoroute un pauvre monsieur qui n'est véhiculé que par son scooter. Comme si cela ne lui suffisait pas, le pauvre gars, qui n'en peut plus de son logement infesté de tous les insectes que le créateur s'est plu à inventer, se voit proposer une cahute en bord de mer ouverte aux vents et marées.

Pour une fois qu'on tombe sur un expatrié à peu près normal, il faut maintenant lui donner envie de partir au pauvre. Car il faut dire qu'on cumule les tordus ici quand même. Entre ceux qui, mariés en France, vivent en concubinage notoire sur l'ile de toutes les incartades, ceux qui courent les boites de nuit et les parties fines et finissent par se faire prendre par la police pour avoir eu des contacts trop proches avec des mineures. Car attention, pas question de faire ses bêtises dans son coin discrètement et penser que l'on va s'en sortir indemne. Au pays de la musique et de la danse, tant vanté par les agences touristiques, on est surtout constamment épiés. Le police nous tient au doigt et à l'oeil. Pour le touriste candide, la présence du Cubain dans des zones uniquement réservées aux touristes n'indique rien.

Néanmoins, le Cubain admis dans la proximité d'un capitaliste, s'expose à la contagion anti-révolutionnaire ce qui implique qu'il a été serieusement vérifié avant d'être envoyé en territoire ennemi. Qu'il s'agisse d'un membre du Parti ou du CDR dévoué, d'un espion chargé de déverser de précieuses informations à l'issue de sa journée sinon de travail en tous cas d'observation, d'un ami de quelqu'un d'important, le Cubain ainsi infiltré n'a en général rien d'un ingénu.

Vivre sur l'ile tend à rendre paranoiaque. On voit la surveillance et la délation partout. Le gardien de l'immeuble qui surveille tous les mouvements internes, et qui mine de rien nous demande si nos visiteurs sont toujours là, si on en attend d'autres, la femme de ménage qui vérifie bien les poubelles, le nettoyeur de voiture qui passe au peigne fin les boites à gants et coffres. On en vient à ne parler que sur la plage, ou dans des lieux isolés et ouverts, on évite de communiquer dans la voiture, au téléphone. On ne se limite qu'aux discussions superficielles.

De toutes façons, le téléphone est trop cher ici pour confier quoique ce soit de long ou de compromettant. D'ailleurs les locaux ont mis au point des techniques infaillibles. S'ils ont parfois les moyens d'avoir un téléphone via le cousin de Miami, ils n'ont de toutes facons pas les moyens d'avoir du crédit. La solution est donc de ne pas appeler mais de se faire appeler, ou au pire d'appeler depuis un numéro qui charge l'interlocuteur que l'on appelle et non l'appelant. C'est pourquoi le Cubain n'appelle pas pour prévenir de son retard ou pour dire qu'il ne vient pas. Le Cubain n'a pas besoin de s'excuser s'il n'honore pas ses Rendez-vous, il va de soi que ses horaires sont indexés au passage de la *guagua*, à ses propres problématiques personnelles et non à l'heure du dit Rendez-vous. D'où le danger en restant trop longtemps de se laisser totalement pervertir et d'oublier comment on vit ailleurs, dans le reste du monde.

Et en effet, ce qui est terrible à Cuba, c'est la façon dont les hommes perdent pied avec la réalité. A la vue d'une minette en minijupe, ils perdent la tête. Si la notion de harcèlement parvenait jusqu'ici ils finiraient tous en cabane, étrangers comme autochtones tant l'homme a tendance à se laisser guider par la partie inférieure de son anatomie dès lors qu'une jeunesse un peu ouverte à l'aventure s'agite sous ses yeux. Ceux qui parient de l'argent en public, qui passent leurs soirées avec des locales ou qui critiquent le régime, ou des membres du parti, la liste est longue des incivilités reprochées aux étrangers et susceptibles de leur nuire très fortement. Chaque incartade, dûment documentée, sert d'alibi à l'éviction de l'étranger gêneur, qui, s'il ne gêne pas forcément pour son forfait du moment , payera un jour ou l'autre sa présence et d'éventuels autres méfaits.

De leur côté, les locaux critiquent de plus en plus et de plus en plus ouvertement le régime. Aux beaux jours de Fidel, et même alors qu'il arborait déjà son pyjama survêtement aux couleurs de la bannière cubaine, les habitants ne parlaient des huiles locales qu'avec un geste singulier de la main indiquant qu'ils portaient des barbes. Car les *barbudos* étaient les pères de la Révolution. Autant dire que la barbe de trois jours si en vogue chez nous, le bouc, la moustache, la grosse barbe longue, ne sont pas très à la mode sous les palmiers. Aujourd'hui, on nomme à voix haute ceux dont on taisait les noms par crainte ou respect. Les jeunes n'hésitent pas à exprimer leur ras le bol et leur mécontentement. Ils critiquent le manque de transparence, la pauvreté dans laquelle ils s'enfoncent de plus en plus, les pénuries, les mensonges qu'on leur fait gober. Selon l'adage, dans *Granma*, l'organe officiel du Parti, seule la date est juste.

Mais plus que les pourfendeurs de la politique, ce sont les pervers de tous types que semble attirer l'île. Les maris qui trahissent leurs épouses en voyage, de retour près de leurs familles, ou qui ont fait le choix souvent pris à deux de rester en France pour garder les enfants, les parents, le travail, la maison, le chien. Les célibataires qui prennent femme locale pour cumuler femme de ménage et jouet sexuel et qui, après moults promesses, s'empressent de larguer la belle, soit pour une plus jeune, soit pour rentrer au bercail. Ou ceux qui passent la bague au doigt de toute proie croisée à chaque nouveau port. De ports en ports, ils additionnent ainsi les alliances et vœux échangés, les enfants abandonnés, mais aussi les pensions alimentaires.

Et puis, outre les tordus il y a les dégoûtés, dégoutés du travail, du climat, des collègues, des conditions de travail ou de la vie locale. Certains, beaucoup, à peine arrivés comptent déjà le nombre de jours qui les séparent de leur date de départ. Entre ce qu'on leur a promis, ce qu'ils se sont imaginé, l'endroit et l'envers de la carte postale, la réalité dénote bien souvent.

Le premier choc est l'hôtel glauque, car mal entretenu et plus fréquenté par les prostituées que par les femmes de ménage. Puis, vient la recherche d'un toit, avec des visites de gourbis, de taudis suivis par des nuées de moustiques, dans des appartements rongés de moisissure, ou dévastés par les prédécesseurs qui ont confié à leur progéniture le soin de redécorer des lieux qui ne leur appartiennent pas. Malheureusement, toute cette jeunesse créative ne sera pas appelée à épaissir les bancs des Beaux-Arts mais plutôt celle des tribunaux.

Outre la décoration pariétale, les locataires peuvent laisser des souvenirs charmants. Tous n'ont clairement pas la même notion de la propreté c'est un fait entendu, mais l'étranger logé aux frais de son entreprise ou de son ambassade, outre le fait qu'il a une fâcheuse tendance à considérer l'argent de tous comme sien propre a également assez souvent tendance à démolir le bien collectif. Certains poussent la félonie en « oubliant » à la cave les meubles cassés, en recouvrant les canapés déchirés ou tâchés ou en feignant l'étonnement. On ne peut quand même pas empêcher un enfant de colorier ou de manger du chocolat coulant et d'essuyer ses pieds sales sur un canapé clair, non ?

Et les étrangers bien implantés ne sont pas forcément les meilleurs, tropicalisés et incapables de rentrer dans des contrées tempérées et surout dans des types de vie plus standards. Cubanisés parce que ferrés par les appats d'une gamine locale de vingt ou trente ans plus jeune et donc soutiens de famille cubaine. Voire pire, soutien de familles éparpillées au gré des postes. Ceux là sont les meilleurs candidats pour rester. Perclus de pensions alimentaires qu'ils seraient bien incapables de payer s'ils rentraient dans leur pays d'origine, ils n'ont de choix que de vivre dans des pays pourris et générer un maximum de revenus pour pouvoir entretenir leurs diverses femmes et familles. Le problème est souvent qu'ils engrangent sur place un revenu qui n'a rien à voir avec ce qu'ils pourraient gagner chez eux, du coup ils deviennent partout où ils passent la proie de ces matadores femelles et se font avoir systématiquement. Pourtant, ils devraient finir par comprendre qu'on ne devient pas beau ou séduisant sous les tropiques, par la grâce d'un trajet en avion ou d'un lieu ensoleillé. Ils représentent juste un pouvoir d'achat supérieur. Pour résumer la situation, plus ils gagnent, plus ils perdent car plus ils gagnent, plus ils se font harponner par des sirènes assassines et plus ils se font harponner plus ils finissent par perdre…Bref ceux là sont perdus pour la Société mais gagnés pour leur société, l'entreprise ou le gouvernement qui les emploie. Pour autant, ce ne sont pas forcément les meilleurs….

Et dans toute cette population de diplomates, d'expatriés mais aussi de locaux enrichis, soit par le biais d'un poste auprès d'étarangers, soit par un mariage bienvenu, certains ne parlent qu'à ceux qui leur paraissent riches ou puissants parce qu'ils flambent beaucoup, ont une belle maison ou une belle voiture ou qu'aux premiers cercles des ambassades faisant fi des personnes et des histoires et de tout ce qui ne leur apporte pas de gain matériel immédiat.

Certains se comportent comme des colons parlant au reste de l'humanité comme à un petit personnel indigne de toute considération. Quelques uns se plaignent de tout, d'autres refusent de dépenser le moindre centime, ne serait-ce que pour acheter des ampoules, que tout leur est dû ou que tout coûte trop cher pour eux. Ils rentrent dans une spirale qui leur rend impossible le retour à une vie normale dans un pays normal.

Il y a aussi toute la catégorie de ceux mariés à des femmes qui, visiblement, n'aiment pas sortir de leur pays mais ne partent que pour s'enrichir, ou sont frustrées, par quoi je préfère ne pas le savoir. Ceux là alimentent pas mal le bataillon des râleurs, finalement bien de chez nous. Ils refusent de considérer les difficultés locales, la pauvreté ambiante. Ils s'abstiennent, où qu'ils aillent, de s'intégrer et continuent à vénérer et rechercher sous toutes les latitudes l'entrecôte frite de leur enfance, le diabolo-menthe ou le vin rouge introuvables hors de leur région.

Mais il y a aussi des gentils et ils constituent la majorité, fort heureusement, des désésperés par la situation, des dépressifs, des blasés. Oui, globalement ils sont plutôt sympathiques ces Français de l'étranger, même si les hommes, surtout les moins éduqués, ont une forte tendance à tromper leur femme, ou en tous cas à ne pas passer de temps seul à Cuba. Bien sûr il n'y a rien là de statistique. Certains font contre mauvaise fortune bon cœur et parfois avec beaucoup d'inventivité tentent d'adapter leur vie à l'environnement et non le contraire. Ils tentent de s'accomoder des bricolages de leurs propriétaires qui confond colmatage de pourriture avec assainissement ou entretien. En général, ils finissent eux aussi par craquer.

Ces expatriés, rencontrés à Cuba, peuvent aussi avoir des mœurs curieuses qui se reflètent dans leurs choix, ou exigences. On a connu un Français qui réclamait une terrasse à corps et à cri, non pour y bronzer ou y faire se suicider ses enfants pourtant très doués pour les âneries mais pour pouvoir y célébrer des offices religieux en faisant venir la hiérarchie ecclésiastique discrètement sur le toit, ni vu ni connu. Dans un pays qui prône l'athéisme, c'était un peu osé. Mais, comme d'autres font des tournantes pour célébrer la messe dans leur salon, on peut se dire que le CDR dans sa grande sagesse a plutôt tendance à fermer les yeux devant les manifestations du Saint Esprit.

Il y a aussi celui qui a transformé son logement en lupanar avec draps roses de satin et garniture féminine. A moins que la garniture elle-même ne se soit inventée des activités diurnes. Toujours est- il que le jour où l'on débarque pour faire visiter à un nouveau venu, avec accord de l'occupant des lieux, sa demeure, et que jaillit d'un lit aux draps de satin roses dignes d'une bonbonière, un hurlement suivi d'une dame fort courtement et peu vêtue, on reste saisi. Si saisi, que ne vient même pas l'idée de vérifier les placards au cas où s'y cacherait un amant.

Il y a aussi les employés d'un même bureau que l'on oblige à cohabiter alors qu'ils sont incompatibles tant d'un point de vue religieux qu'hygiénique. Le maniaque et le noceur qui ont failli en venir aux mains et qu'il a fallu sermonner comme des petits garçons. Celui que l'on n'arrivait pas à loger et qui était arrivé au moment où aucun appartement n'était disponible dans la ville. Car le marché immobilier havanais est particulièrement fermé, immobile, atone, inexistant et en même temps, et de manière totalement disproportionnée, hors de prix. Ce pauvre monsieur, logé dans un petit espace indécent se demandait ce qu'on lui reprochait pour subir de telles conditions d'accueil. Un autre cas me revient en mémoire, celui d'un pauvre monsieur allergique aux piqures d'insectes, entouré d'une nuée de moustiques à son arrivée à l'aéroport et pris de panique à chaque déplacement. Il y a aussi eu celui auquel on a remis les clés avant de les lui reprendre au pretexte qu'il n'était finalement pas censé obtenir la maison accordée, parce qu'entre temps un diplomate s'était annoncé. Car, à Cuba, le diplomate, quel que soit son grade, a toujours l'avantage. Il vaut mieux être homme à tout faire d'une vague ambassade que directeur d'une entreprise.

A contrario de ces victimes gentilles, venues pour travailler et contraintes à des conditions de vie compliquées, des néocloniaux profitent de la main d'œuvre bon marché pour se faire servir sans vergogne et se prennent pour des nababs au risque de perdre toute dignité, et surtout toute humanité. La Havane ne ser remet pas de cette épouse de diplomate de seconde zone qui profitant du célibat des consuls, ambassadeurs et autres diplomates plus capés, se comportait en femme d'ambassadeur et obligeait le personnel à l'appeler Madame l'Ambassadeur.

Ces élites des affaires étrangères sont ainsi logées dans des maisons qui furent souvent la propriété des riches colons. De ces maisons, il ne reste souvent que de grands jardins et de belles colonnes. Selon les modalités de location, l'entretien est plus ou moins de qualité mais il reste quelques belles demeures. Certains étrangers mariés à des autochtones peuvent acheter et restaurer de belles bâtisses. Quant au reste de ces étrangers ils sont logés dans des immeubles d'état, dans un état varié et surtout entretenus en dépit du bon sens. Mais comment se plaindre dans un pays où les locaux s'entassent dans des maisons réduites à l'état de masures ou dans des cages à lapins à la mode soviétique ? Certes, ils ne payent pas l'électricité mais, faute de générateur, ils ne vivent qu'au gré des coupures de courant. Ils ne payent pas l'eau mais elle leur arrive dans un état plus que douteux. Ils ne payent pas ou pratiquement pas de loyer mais n'ont ni les moyens ni les matériaux pour entretenir leurs foyers. Du coup, on voit se multiplier les pancartes improbables, des taudis éventrés à vendre ; et l'on se plait à se glisser dans la peau d'un agent immobilier chargé de rédiger les petites annonces pour faire venir le chaland….

Loft de charme, ventilation naturelle, plan libre

Maison typique, jolie cour intérieure, beaucoup de potentiel

Immeuble sans vis-à-vis, vue imprenable et dégagée,
quelques petits travaux de finition à prévoir

Printed in Great Britain
by Amazon